I0118196

L'ÉMANCIPATION

DE LA FEMME

EN DIX LIVRAISONS

PAR Mlle J.-V DAUBIÉ

20 centimes la livraison.

PARIS

ERNEST THORIN, ÉDITEUR

7, RUE DE MÉDICIS, 7

1871

L'ÉMANCIPATION DE LA FEMME

PREMIÈRE LIVRAISON

LA FEMME ET LE JOURNALISME.

Lorsque l'Empire, après avoir usé le régime discrétionnaire, accorda le régime légal à la presse, il permit à *tout Français jouissant de ses droits civils et politiques*, de publier un journal et d'y signer des articles.

Évidemment le législateur, souvent distrait, et même beaucoup trop distrait à notre endroit, n'avait pas songé que les femmes sont des *Français* qui, jouissant de leurs droits civils aujourd'hui, jouiront de leurs droits politiques demain, si elles les prennent. Aussi durent-elles dire à leurs maîtres oublieux : « Nous écrivons ostensiblement dans les journaux, donc nous avons le droit de les publier nous-mêmes, sinon vous devez nous retirer celui d'y faire paraître notre signature. »

L'Empire, qui était aussi fort en dilemme qu'en libéralisme, nous répondit à la fois par oui, par non et par peut-être; en nous conservant notre liberté classique de prendre la parole dans le journal, il consentit ainsi en bon prince à nous reconnaître, sous ce rapport, comme *Français jouissant de leurs droits civils et politiques*. Mais, notre droit de propriété dans le domaine de la presse lui paraissant litigieux, il déclara que des jugements de cour nous y rendraient blanches ou noires, selon nos mérites ou nos démérites.

Devant ces décisions ambiguës, ce privilége, cet arbitraire du plus fort régnant dans la loi même, nous frappions à la porte entre-bâillée du journalisme quand la République vint nous l'ouvrir par le décret du 5 septembre, permettant à tout *Français* d'émettre, à ses risques et périls, son opinion dans et par le journal, en dehors même de la ritournelle consacrée des *droits civils et politiques.*

L'esprit libéral de cette mesure honore les réformateurs qui ont enfin compris, comme l'Empire lui-même commençait à le comprendre, l'injustice d'interdire à la femme les publications périodiques, où se résument aujourd'hui la plupart des idées, et de la condamner ainsi à un mutisme d'autant plus pénible pour elle, qu'il n'est regardé ni comme l'attribut, ni comme la vertu spéciale de son sexe.

Nous voici donc décidément ici baptisées *Français*, pour parler comme pour nous taire, pour agir comme pour souffrir. Quoique nos mains pacifiques aient toujours repoussé les armes fratricides, nous venons en effet de subir toutes les calamités d'une guerre à jamais maudite. Dans nos campagnes appauvries et dévastées, partageant les douleurs et les périls de nos frères; pressurées pendant la lutte par l'impôt, la rançon, la réquisition et le pillage, nous n'avons pu nous affranchir de la suprême douleur d'héberger un vainqueur insatiable, qui s'assied encore triomphant à nos humbles foyers insultés et conquis.

Eh bien, proclamons-le avec un légitime orgueil, dans ces jours néfastes où la France, par le principe de l'égalité civile, nous a jugées dignes de souffrir pour elle; dans ces heures d'angoisse où elle nous a imposé les charges communes à tous les citoyens, nous nous sommes trouvées fières surtout de porter le titre de *Français*; nous en avons apprécié toute la valeur en restant sur le sol de l'antique patrie, devant un horizon rétréci sur une frontière disputée, mais si nous en tirons gloire désormais parce qu'il nous a valu la prérogative de nous associer à tous les deuils de la patrie agonisante, nous demandons qu'il soit enfin à l'honneur comme à la peine, et qu'au sein d'un peuple libre, il nous rachète de notre ilotisme séculaire.

En heureux présage, constatons la première étape qu'ouvre dans la voie du progrès le régime actuel de la presse. Quoique nous n'ayons pas, pour la revendication de nos droits, la rude poigne de *Jacques Bonhomme*, confiants dans la justice de l'avenir, travaillons de tout notre cœur, de toute notre âme et de toutes nos forces à l'émancipation de *Jacqueline Bonnefemme*, si nous ne voulons pas voir la nation avilie s'asservir de plus en plus avec cette survivante attardée de la glèbe.

NOTRE PROGRAMME.

A une époque où tout est confondu, notre belle langue française devait se vautrer, elle aussi, dans la fange de nos mœurs et y perdre ses principes les plus élémentaires. Puisque les mots mêmes ont besoin d'être réhabilités, commençons par dire que nous donnerons exclusivement au mot *émancipation* son sens grammatical d'égalité pour tous et pour toutes.

S'il ne nous a pas encore été permis d'apprendre la langue des maîtres dans nos savantes écoles, nous pouvons du moins, en restituant aux mots leur sens primitif, nous donner le mérite plus modeste de dire avec Martine :

> Mon Dieu ! je n'avons pas étugué comme vous,
> Et je parlons tout droit comme on parle cheux nous.

Ajoutons toutefois que l'émancipation politique semble inséparable de l'émancipation civile dans toute démocratie.

Je traiterai donc simultanément des réformes à poursuivre et des progrès à obtenir dans ces deux ordres d'idées.

Je pense pouvoir dans cette publication, limitée à dix livraisons, exposer quelques vues pratiques aux personnes de bonne volonté, qui y trouveront une assez ample matière à la réflexion et à l'action.

Quant aux hommes qui, jusqu'à présent, nous ont opprimées plutôt par corruption de volonté que par défaut d'entendement, je n'ai pas la prétention de les convertir, si les faits ne parlent pas encore assez haut pour eux. A ce sujet, il faut se le demander avec une tristesse amère : le peuple, assez imbu de fausses doctrines et assez irréfléchi dans le désordre pour avoir pu maintenir pendant près d'un siècle l'anarchie légale dans la famille, pendant plus de vingt ans le despotisme légal dans le suffrage universel, sans sembler s'apercevoir seulement de l'endroit où le bât blesse, ce peuple-là, disons-nous, est-il propre à se réformer, à se régénérer, et, par conséquent, à se gouverner? A-t-il assez le sentiment du juste et de l'honnête pour mériter d'inaugurer le règne durable de la liberté? L'avenir répondra.

En attendant, que nos hommes d'État l'apprennent enfin : ceux d'entre eux qui pactiseront avec le vice; ceux mêmes qui tergiverseront avant de mettre à l'ordre du jour les réformes radicales qui doivent racheter l'honneur de la France en réveillant son sens moral; ceux qui négligeront les mesures propres à fonder le droit civil et physiques sur la forte assise du droit naturel, ces hommes-là, se faisant, pour ainsi dire, les endosseurs des désordres politiques et moraux tolérés ou voulus par la loi et l'administration, hériteront à leur tour du faix de mépris qui accable à si juste titre tout pouvoir regardé comme l'incarnation du mal.

————

Une association pour le suffrage des femmes, en voie de formation à Paris, ajourna ses projets devant nos troubles politiques et nos malheurs civils. La partie de son manifeste que je reproduis montrera que notre intention est de partir de la capacité électorale acquise aux veuves et aux filles majeures, pour acquérir celles des femmes *en pouvoir de mari*.

MANIFESTE

POUR LA REVENDICATION DU SUFFRAGE DES FEMMES.

L'extension du droit de suffrage pour les hommes, la forme démocratique des gouvernements, les principes mêmes de la liberté moderne, appellent l'attention publique sur la participation des femmes au vote. Aussi cette question est-elle déjà résolue dans plusieurs parties de l'ancien monde et du nouveau.

Dans la France libre de 89, Condorcet et Sieyès revendiquaient énergiquement le droit de cité pour les femmes, lorsque le premier Empire et la domination oligarchique du suffrage restreint étouffèrent les aspirations libérales des hommes de progrès.

Quand le peuple conquit l'exercice du vote en 1848, les esprits méditatifs comprirent que l'exclusion d'une moitié de l'humanité, classée *à priori*, *vu l'imbécillité du sexe*, parmi les interdits pour crimes et délits, est une injure gratuite pour les femmes, égales à l'homme comme *Français* devant l'impôt direct et indirect, ainsi que devant le code pénal, et qu'il est ironique de déclarer *universel* un suffrage qui les repousse à titre de mineures privées de discernement.

La revendication de leur droit ne put être entravée de nouveau que par l'arbitraire d'un gouvernement qui, en déclarant irresponsables les fonctionnaires publics, mit

la volonté instable des hommes au-dessus des principes
stables des lois. Aussi les femmes ajournèrent-elles leurs
réclamations à un temps plus opportun.

Ce n'est pas en vain pourtant que nous avons été une
nation libre et libératrice; la théorie égalitaire inscrite
dans notre code et dans nos constitutions donne virtuel-
lement le droit de suffrage aux veuves et aux filles majeures dans la France héritière des principes de 89.

Nos codes, en effet, consacrent l'égalité de tous les
Français; nos constitutions diverses affirment qu'une
souveraineté inaliénable et imprescriptible étant acquise
à l'universalité des *citoyens français,* aucun individu, aucune *fraction* du peuple ne peut s'en attribuer l'exercice
exclusif; que les *Français,* jouissant de leurs droits civils,
peuvent, chaque année, à partir de vingt et un ans,
époque de leur majorité, se faire inscrire sur les registres
électoraux, au moment de leur révision, etc. Évidemment, la capacité électorale des veuves et des filles majeures, *Français contribuables et justiciables de nos tribunaux,* au même titre que l'homme, ressort de ces décla-
rations formelles.

En outre, un principe de jurisprudence affirme permis
tout ce que la loi ne défend point; cet acquiescement a
suffi pour faire respecter l'initiative des femmes qui ont
demandé à subir les examens d'enseignement secondaire
et supérieur, dont les hommes s'étaient de tout temps at-
tribué le monopole. Quoiqu'il n'y ait pas de prescription
contre le droit, les antagonistes de cette innovation pouvaient néanmoins invoquer alors en leur faveur une autorité mille fois séculaire qui leur fait ici complètement défaut. La logique est même tellement impitoyable que, si le
droit de cité était contesté aux veuves et aux filles majeures
qui le revendiquent, il faudrait, par des considérations
semblables, leur interdire les examens d'enseignement secondaire et supérieur, et jusqu'au droit de pétition
qu'elles exerçaient déjà sous l'Empire, comme acquis à
tous les *citoyens français.*

Ces *contribuables* pourraient contester aussi l'obligation
de payer l'impôt et d'obéir à des lois qui leur font sup-

porter les charges de la vie civile sans les laisser jouir de ses avantages.

Ces restrictions blessantes, cet antagonisme incompatible avec les règles de la justice distributive ne sauraient être le fait d'aucun pouvoir responsable et libéral; les veuves et les filles majeures peuvent donc en toute confiance affirmer à nos magistrats municipaux leur droit et leur volonté de réclamer l'inscription sur les listes électorales, au moment où leur révision les ouvre chaque année à tout *Français majeur, en possession de ses droits civils.*

Un mauvais vouloir isolé et peu présumable, chez des fonctionnaires justiciables de leurs actes, donnerait lieu à un appel judiciaire, et permettrait ainsi à notre jurisprudence de sanctionner un droit dont aucun arbitraire ne peut détruire la légitimité.

Au point de vue de l'intérêt général, cette question est digne aussi de toute l'attention des législateurs, car il y a antagonisme et abaissement des mœurs partout où la femme, mineure pour le droit, est majeure pour le devoir public. Cette considération devient capitale devant un suffrage, prétendu universel, qui détruit toute pondération et toute stabilité civile et politique en préférant toujours le vote, c'est-à-dire la volonté des hommes, même incapables et immoraux, à celui des femmes pourvues de capacité et de moralité. Loin de produire la liberté, une telle institution, qui met trop souvent la raison à la remorque des intérêts et des passions, est grosse d'anarchie et de despotisme.

Nous regardons donc le suffrage comme un droit et un devoir de premier ordre qu'il ne nous est pas permis de sacrifier; nous le revendiquerons par les moyens légaux qui nous sont acquis déjà, avec le ferme espoir d'être secondées par tous les hommes de progrès et d'avenir.

LE VOTE DES FEMMES EN ANGLETERRE.

La polémique qui depuis plusieurs années agite l'Angleterre au sujet du suffrage des femmes; la variété et la force des arguments employés par les promoteurs de cette innovation; le succès qui a déjà couronné leurs efforts soutenus, sont une grande leçon de liberté et de droit public pour nous.

Aussi reproduirai-je, si l'espace me le permet, tous les discours prononcés dans la dernière assemblée tenue à Londres par l'*Association pour le suffrage des femmes*.

On sait, qu'après avoir conquis le vote municipal, elles revendiquent le vote au Parlement; cette cause, portée plusieurs fois déjà devant les Chambres, vient d'y être plaidée de nouveau au mois de mai, avec une éloquente conviction, par M. Jacob Bright. Quoiqu'une liberté illimitée de la parole et de la presse, affranchie de l'amende, du cautionnement et du timbre; quoique des milliers de pétitions et de lettres motivées, aient permis aux promoteurs et aux promotrices de la réforme d'étudier toutes les faces de la question et de les livrer aux longues méditations des législateurs, ils ne se croient pas suffisamment éclairés. M. Glastone, organe du gouvernement, tout en déclarant qu'il regarde comme utile le suffrage des femmes pour le Parlement comme pour la commune, a demandé quelque temps encore pour l'étude des meilleurs moyens d'application.

Cette investigation patiente, persévérante et éclairée dans la recherche du bien et du mieux; ce règne immuable de la justice des choses, substitué à la volonté muable d'hommes injustes, peut nous faire comprendre pourquoi les Anglais, respectant leurs lois comme l'expression de la raison générale, préviennent les révolutions par les réformes.

Lorsque ces réformes s'imposent à un pays, il faut en effet encourager les citoyens à les préparer, à y apporter leurs vues et à émettre leurs idées par toutes les voies possibles. En France surtout, l'ignorance et les préjugés des femmes, leur docilité niaise à accepter par suite des idées toutes faites, ont une influence si funeste, quelquefois si fatale, qu'on ne saurait dépenser trop d'énergie à leur faire connaître leurs devoirs et à les mettre en possession de leurs droits. Il y a là une question de salut public qu'on ne résoudra certes point en bâillonnant la presse, en étouffant la liberté et en mettant, selon le langage de Lamartine, *la main de la police sur la bouche du pays*. Car il est trop prouvé que nos troubles moraux, économiques et politiques sont le résultat d'une longue compression qui a empêché de mûrir les idées et de provoquer des améliorations utiles ou urgentes dans les lois, les institutions et les mœurs.

Heureux donc, mille fois heureux, les peuples où, comme chez les Anglais, les femmes peuvent le disputer en sagesse aux hommes dans l'étude des problèmes sociaux les plus ardus; préparant par la liberté des voies à la justice et à l'honneur, ils se rendront dignes de cueillir le précieux rameau d'or qui doit leur ouvrir des mondes nouveaux.

DISCOURS DE MADAME TAYLOR, PRÉSIDENTE [1].

« Messieurs et Mesdames,

« Je suis très-sensible à l'honneur et au privilège de présider cette réunion. L'affluence des personnes qui s'y pressent et l'augmentation des membres de notre association attestent le progrès de notre cause, et nous donnent lieu de conclure que le nombre de nos adversaires diminue en raison de l'accroissement de nos adhérents;

---

[1] Rapport d'un meeting tenu à Londres par la Société nationale pour le suffrage des femmes.

mais les premiers suppléent visiblement à l'insuffisance
de leur nombre par des arguments nouveaux contre
les franchises des femmes. Un des plus récents est le
danger que cette nouvelle excitation à la politique aura
sur leur santé; nos antagonistes, soudainement préoc-
cupés des malheurs d'un mouvement semblable, expri-
ment une très-vive anxiété.

« Quelle est la justesse de cette assertion? Si les femmes
avaient vécu dans un isolement assez complet pour n'avoir
jamais entendu prononcer le mot politique, pour ne pas
connaître le sens du mot élection, nos adversaires pourraient, avec quelque apparence de justice, leur opposer
cette fin de non-recevoir, qui, en réalité, est entièrement
fausse. Des femmes, parentes ou amies de candidats, et
beaucoup d'autres, ont souvent pris un très-grand intérêt
personnel aux élections, et je n'ai jamais entendu parler
d'aucun résultat nuisible.

« Les femmes électeurs s'intéresseront vivement sans
doute à l'élection du candidat qui devra les représenter
et cette excitation ne sera probablement pas plus grande
parce qu'elle est moins personnelle..... Inutile de dire que
les excitations de la politique sont plus saines que celles
de la vie sociale et élégante, car il est superflu de comparer l'activité salutaire qui résulte de l'étude et de l'investigation des questions politiques et sociales, commune
aux femmes et aux hommes, avec les agitations et les dis-
sipations énervantes de la vie fashionable. L'étude de la politique demande une certaine concentration de pensée, sans
doute beaucoup plus propre à fortifier et à élever l'esprit,
à développer le cœur, que la lecture des nouvelles à sensa-
tion, honte du XIXᵉ siècle, qui ne servent qu'à flatter l'excitation d'un appétit morbide et à remplir les heures
vides du monde élégant. Quelques-uns de nos adversaires
éclairés ont chaudement soutenu que la politique, deve-
nant une branche d'éducation dans les écoles de filles et
les collèges, il est aussi essentiel pour les femmes que
pour les hommes de connaître les lois de leur pays et
aussi désirable de leur voir prendre intérêt aux questions
sociales et politiques du jour; mais lorsqu'elles auront

acquis ces connaissances et appris ainsi à apprécier les
bienfaits d'une législation équitable, et le privilége du
suffrage en faveur de la meilleure législation, ces adversaires nous disent avec un raffinement de cruauté : « Res-
tez satisfaites des connaissances et du talent que vous avez
acquis ; discutez la politique à vos foyers, mais ne songez
pas à en faire la moindre application pratique. » Je ne dis
point que le cas soit le même, mais des artistes seraient
blessés, je pense, et se révolteraient peut-être, si, après
avoir vaincu toutes les difficultés de leur art et acquis
une grande habileté, on leur disait : « Soyez contents des
connaissances que vous avez acquises et parlez d'art chez
vous, mais ne songez jamais à vous en servir. »

« Plusieurs de nos amis conservateurs ont montré une
grande appréhension au sujet de l'extension récente du
suffrage, dans la crainte que les classes ouvrières ne nous
soient hostiles. Pour montrer combien ces alarmes sont
peu fondées, je rappelle qu'outre les nombreuses pétitions
faites par les bourgs métropolitains et les villes, nous
avons à en présenter qui sont signées par 17,000 personn-
nes, dont moitié appartiennent aux classes ouvrières.

« On argumente souvent aussi contre nous de notre
inaptitude au suffrage. Les femmes, parait-il, sont faites
pour payer les impôts, pour acquitter toutes les charges
qui frappent les propriétaires, mais elles ne sont pas faites
pour le moindre privilège.

« Nos antagonistes prétendent que nos franchises nous
détourneraient de nos devoirs domestiques ; pour répondre à cette assertion, je cite quelques mots d'une 'ettre
écrite à l'éditeur du *Spectateur :* « Je lutterai, dit le cor-
« respondant, aussi sérieusement que personne pour les
« devoirs domestiques d'une femme ; mais je demande si
« vous ne la paralysez pas dans l'accomplissement de ces
« devoirs, si vous n'avilissez pas le sentiment de leur
« grandeur, quand vous lui enseignez à ne pas se regarder
« comme une citoyenne. La sainteté du foyer domestique
« est la sauvegarde de la nation : si vous décrétez la sépa-
« ration du foyer et de la nation ; si vous affirmez qu'une
« moitié de cette nation doit être séquestrée chez elle et

« exclue de toute participation aux grands intérêts, prenez
« garde que les ornements de la maison ne deviennent en
« effet que des ornements, des images qu'on considère et
« qu'on adore, non des forces vives qui purifient et qui
« sanctifient. Je voudrais voir notre législation prouver
« par ses actes qu'elle n'a pas cette idée des fonctions de
« la femme dans la société; s'il en est ainsi, tous les com-
« pliments qu'elle lui adresse sont perfides et méprisa-
« bles. »

« Il y a quelques années, en Amérique, avant l'abolition
de l'esclavage, les apologistes de la servitude des nègres,
les déclaraient, par de bruyantes vociférations, impropres
à la liberté. L'esclavage fut aboli et les nègres prouvèrent
qu'ils étaient aptes à la liberté; abolissez l'incapacité
électorale des femmes et elles prouveront elles-mêmes
leur aptitude aux franchises. »

LA FEMME PAUVRE AU XIXe SIÈCLE

3 volumes in-12,

2e édition, entièrement refondue et augmentée du 2e volume.

———————

E. THORIN, ÉDITEUR, RUE DE MÉDICIS, 7, A PARIS

———————

La première partie comprend l'Émancipation civile et politique;
La seconde   —   l'Émancipation morale;
La troisième   —   l'Émancipation matrimoniale. — Conclu
                                sion.

CHAQUE PARTIE SE VEND SÉPARÉMENT.

———————

N° 2

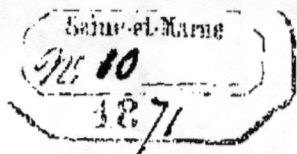

L'ÉMANCIPATION
DE LA FEMME

EN DIX LIVRAISONS

PAR Mlle J.-V. DAUBIÉ

20 centimes la livraison

PARIS
ERNEST THORIN, EDITEUR
7, RUE DE MÉDICIS 7,

1871

L'ÉMANCIPATION DE LA FEMME

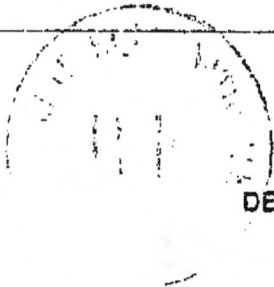

DEUXIÈME LIVRAISON

LE PROJET DE LOI SUR LA PRESSE.

N'est-il pas fâcheux qu'au moment où une éruption si terrible du volcan populaire appelle la discussion la plus libre, la plus étendue et la plus franche des droits du prolétariat, le cautionnement fasse au capital un privilége de la propriété des idées par la presse quotidienne?

N'est-il pas regrettable, lorsque tant de jouissances superflues et malsaines sont affranchies d'impôts, de voir le pain de l'esprit frappé du timbre, et les publications propres à tirer *le peuple souverain* d'une ignorance parfois meurtrière, éloignées ainsi de sa portée par cette amende fiscale (1)?

Ces restrictions semblent incompatibles avec la démocratie qui résulte du suffrage de tous, et avec l'éducation politique qui devrait en être la conséquence logique.

Mais la loi projetée est funeste surtout parce qu'elle détruit la liberté dans son essence même, en revenant aux traditions corrompues de nos monarchies, qui abritaient

---

(1) Imitons donc les Anglais qui, en laissant toutes les idées aussi libres que l'air, prélèvent des sommes énormes sur le timbre des factures de commerce, et les Américains qui ont fait face aux exigences de leur situation financière sans avoir, que je sache, imposé les journaux.

2

les vices les plus destructeurs derrière le *mur de la vie privée.*

Un décret du gouvernement de la défense nationale avait, on le sait, soumis les fonctionnaires à une responsabilité absolue, que la loi relative aux délits de presse, copiée sur celle de l'Empire, vient tout récemment de restreindre.

Quant aux particuliers, ils restent déchargés *à priori* du devoir social par l'article du code qui interdit de jamais prouver aucune accusation contre eux.

Le vote récent de l'Assemblée nationale à l'égard 'des fonctionnaires, ne nous laisse donc aucun motif d'espérer qu'elle comprenne mieux ici la nécessité de sauvegarder la société contre l'individu; c'est une attestation nouvelle de l'habitude invétérée que nous avons de repousser comme trop gênants les devoirs mêmes les plus fondamentaux.

Pour qui réfléchit cependant il ne peut y avoir, dans la vie d'un homme et d'un peuple, que des actes nuisibles, indifférents ou utiles à l'ordre général. Or le législateur qui, pour les actes nuisibles, s'enlève les moyens de distinguer le vrai du faux et fait une distinction entre la vie privée et la vie publique, tient la vertu et le vice en estime égale et méconnaît ainsi les droits de la morale, de la liberté, de la conscience et de l'honneur.

Aucun homme de sens commun n'aurait la prétention, je pense, de donner une nomenclature distincte des délits qui se rattachent à la vie privée et à la vie publique, dont il est impossible de fixer les limites indécises; il résulte de là que le pouvoir, prenant sous son patronage un certain nombre d'actes qui favorisent les passions égoïstes au détriment de l'ordre, n'est plus que l'arbitraire mis au service du mal.

Alors les individus, *sujets ou citoyens*, violent impunément la loi morale sous l'égide de la loi civile; les fonctionnaires prennent les mœurs despotiques et efféminées des pachas, serviles et rampants envers un seul, hautains et arrogants envers tous, et portent leur corruption aux affaires publiques, car le même individu ne peut être

corrompu et égoïste comme homme, pur et dévoué
comme fonctionnaire.

D'où chez nous, de même que chez les peuples qui n
sont point gouvernés par la liberté sous la loi, partialité
coupable, préventions erronées, force brutale substituée
à la force morale; par suite, antagonisme, mépris de l'autorité, confusion du juste et de l'injuste, dénigrements
calculés et faux, scandales éhontés, faix de haines, de jalousies et de vengeance, qui, s'accumulant d'heure en
heure, nous précipitent par périodes déterminées dans
des abîmes si profonds, que nous n'y apercevons même
plus notre unique voie de salut.

Dans cet état de choses le pouvoir, dût-il infailliblement redresser par lui-même tous les torts, ou châtier
tous les vices qu'il prend sous sa protection directe, n'en
serait pas moins une négation de la liberté, qui ne peut
équivaloir à la surveillance clairvoyante et active des intéressés sous le contrôle de la loi.

Chez les peuples libres au contraire, le pouvoir, garant
et exécuteur des lois fondamentales de justice pour la
conservation et le progrès de la société, ne substitue point
ses adoucissements ou ses rigueurs incertaines à l'inté-
grité du droit, et conserve l'équité par la constance et
l'autorité de jugements relatifs à des actes toujours prévus
et définis. En conséquence la plus large application des
principes libéraux permet, dans les administrations diverses, aux subalternes d'élire leurs chefs sans aucun
danger pour l'ordre, parce que le pouvoir exécutif reste
juge suprême des choix en montrant à ces chefs des bornes
étroites de capacité, de moralité, de responsabilité personnelle, et, s'ils les franchissent, en les destituant pour
ces mille manquements quotidiens au devoir, pour cette
vie intempérante qui ravale l'homme à la brute, pour ces
scandales publics enfin que nous classons *dans la vie
privée*. Ainsi se forme une saine opinion qui, de concert
avec la loi, rejette toute âme corrompue comme incapable
de règle; ainsi la calomnie perdant son pouvoir redoutable
de confondre les principes, les bons commandent aux
autres; la fortune et les loisirs ont un emploi utile; l'in-

telligence et la réflexion se développent; l'économie et les
vertus de foyer des gouvernants assurent la prospérité
nationale; le pouvoir exécutif, devenu l'expression de la
raison commune, s'exerce pour le bien, se rend respectable et fonde la stabilité politique sur l'harmonie sociale.

Ce discernement seul, répétons-le, distingue le peuple
en progrès du peuple en décadence, car il est radicalement
impossible à celui qui rejette le frein, qui tolère et encourage la licence dans la vie privée, de conserver dans
la vie publique la liberté, qui n'est que l'école du respect
pour ce qui est respectable.

Cette considération est capitale pour nous au moment
où nous prétendons nous régénérer en maintenant les
droits du mal dans la *vie privée* de l'individu et du fonctionnaire; aberration illogique et criminelle, qui tient à
la fois à la corruption des hommes et à l'imperfection des
lois (1), et qui nous marque du sceau de la réprobation,
puisque les réformes qui doivent racheter les opprimés,
réhabiliter le droit, la conscience et l'honneur de la
France, tiennent en partie à la sauvegarde de la justice *dans
la vie privée.*

Puissent nos infortunées nations de race latine comprendre enfin pourquoi leurs efforts sont si stériles, lorsqu'elles singent avec une ridicule impuissance les constitutions politiques des peuples libres! En vain se donne-
ront-elles des chefs électifs et des chefs héréditaires; en
vain chercheront-elles leur salut dans la division des
pouvoirs législatifs en chambre haute et en chambre
basse, etc.: elles ont été, qu'elles le sachent bien, marquées
du stigmate des esclaves, le jour où elles ont établi l'ini-
quité dans l'enceinte même de la justice en repoussant la
responsabilité civile, la solidarité humaine, qui fait les

---

(1) Il est de fait que l'ordre écofiomique ne serait pas troublé comme il
l'est chez nous, si le scandale des fortunes illicites était soumis au contrôle
de l'opinion. Peut-être les défenseurs de notre rigide et étroite morale de
convention la trouveraient-ils aussi peu conforme à la vérité des choses s'ils
ne pouvaient l'enfreindre sans responsabilité, et sentiraient-ils enfin la nécessité de fonder l'union des sexes sur la forte assise de la morale naturelle,
sanctionnée par la loi civile.

peuples puissants par des gouvernants et des lois respectables et respectés.

Malheureusement nos vues sur le droit et sur le devoir social sont si confuses, qu'un certain parti honnête prétend ne pouvoir faire revivre les *principes* en France qu'en les y incarnant dans telle ou telle dynastie. Pourtant nos monarchies de triste figure, et de mémoire encore plus triste, ont toutes fait leurs preuves à ce sujet. N'est-ce pas la Restauration qui a gravé sur le bronze des lois cette illustre sottise : *la vie privée doit être murée?* Ne sont-ce point nos autres dynasties qui ont élevé sur le pavois tous les désordres qui découlent de cette maxime à jamais licencieuse et destructive? Comme en faisant trembler les bons et en rassurant les méchants, elle a enfanté quatre révolutions déjà ; comme elle nous apporte une décadence inévitable, nous la soumettons aux méditations du nouveau messie de la légitimité, qui se dit *la voie, la vérité et la vie ;* nous lui demandons d'exercer dans le temps le jugement qu'il nous promet dans l'éternité, pour la glorification des justes et la confusion des pécheurs; qu'il sépare au plus vite *la paille du froment ;* qu'il ne confonde point, à l'exemple de ses pères, les *boucs et les brebis ;* sinon nous lui dirons humblement : « Prince, croyez-vous, en vérité, que quand le fils de « l'homme viendra, il trouve encore de la justice sur la « terre ? »

Mais au reste pourquoi ne ferions-nous pas nos petites affaires, et ne nous donnerions-nous point des *principes,* sans la procuration de M. le comte de Chambord? Qui nous empêche de prendre dès aujourd'hui en main le marteau démolisseur du *mur de la vie privée,* et de faire passer sur ses ruines souillées un fleuve purificateur?

Cessons donc, en mettant les gens malhonnêtes sous l'égide de la jurisprudence, de protéger des vices plus redoutables pour nous que tous les ennemis extérieurs. Si nous voulons avoir la sainte horreur de l'arbitraire, le respect pour la famille, pour l'autorité, pour l'individu, pour l'inviolabilité du foyer, que professent les Anglais et les Américains, étudions, appliquons au plus vite leurs lois de responsabilité morale, en révisant la loi sur les délits de presse. Punissons sans doute à leur exemple la diffamation malveillante, faite dans la seule intention de nuire, mais ne laissons plus le tribunal d'honneur à la porte du tribunal civil ; gardons-nous, en aucun cas, de repousser la preuve qui est notre unique critérium du droit et du devoir social, et, par conséquent, une ancre de salut au milieu des orages qui nous agitent et des tempêtes qui nous submergent (1).

LE VOTE DES FEMMES EN ANGLETERRE (2).

DISCOURS DE M. JOHN STUART-MILL.

« Depuis l'assemblée générale qu'a tenue l'année dernière notre association, nous avons eu lieu d'être très-satisfaits du progrès de notre cause ; ce progrès s'est manifesté par l'accroissement du nombre de nos amis, et plus encore par le changement de ton de nos adversaires. Dans l'année qui vient de s'écouler, on a beaucoup écrit contre l'égalité des sexes, mais il est curieux de considérer combien est petit le nombre des écrivains qui ont montré une grande désapprobation de l'objet direct de notre Société, l'admission des femmes au suffrage.

(1) Voir M. E. Laboulaye, *Paris en Amérique, que la vie privée doit être murée* ; la discussion de la loi sur la presse en 1868, et surtout le discours de Sainte-Beuve au sénat ; *la Femme pauvre au XIXᵉ siècle, 2ᵉ édition, condition morale.*

(2) Rapport d'un meeting tenu à Londres par la Société nationale pour le suffrage des femmes.

« Beaucoup d'entre eux ont même dit, en propres termes, qu'ils n'auraient peut-être rien à objecter à cette concession. Un vote aux élections est maintenant, selon la plupart, une chose insignifiante qu'ils peuvent se décider à octroyer; si les femmes le désirent, on peut aussi bien le leur accorder que le leur refuser; mais ce qui choque ces hommes, ce qui les scandalise, c'est qu'on puisse revendiquer les droits des femmes dans la vie civile, et surtout dans le mariage. C'est d'un bon augure, et je commence à espérer que je vivrai assez pour voir toute la discussion transportée sur ce point. Ceux de nous qui revendiquent pour les femmes l'égalité complète de droits, ont toujours dit que c'est une question entièrement différente du suffrage. Il n'entraîne à une demande plus étendue aucune des femmes qui le revendiquent; si elles étaient, par une inhérente et inévitable nécessité, soumises à l'autorité des hommes, elles auraient beaucoup plus grand besoin du vote. Tout ce qui, en justice ou en politique, conclut à accorder le suffrage à un homme, s'applique également aux femmes.

« Mais, il y a un côté de la question sur lequel je désirerais dire quelques mots : la manière particulière dont l'immatriculation des femmes au corps électoral affectera probablement le caractère du Parlement, et modifiera l'exécution des affaires publiques.

« Je crois que l'effet le plus marqué, dans un avenir prochain, sera de communiquer à la législation une détermination plus ferme de lutter contre les maux immenses et réels de la Société. Des femmes électeurs se persuaderaient, je pense, moins facilement que les hommes que ces maux, regardés comme incurables, doivent être acceptés et ne peuvent être amoindris, et que nous pouvons en détourner les yeux, avec une conscience calme, sauf à murmurer à l'occasion sur les frais qu'ils nous occasionnent en impôts, en contributions et en charité.

« Des femmes, ce semble, trouveraient dur de croire que la législation et l'administration n'ont aucune influence sur ces maux effroyables, et que l'apogée de la sagesse des hommes d'État consiste à leur laisser libre carrière. J'attendrais, en conséquence de l'influence politique des femmes, un accroissement considérable d'activité dans la recherche des causes de ces maux. Je sais que certains hommes s'alarment de tout accroissement d'activité dans cette direction, parce qu'ils pensent qu'il est synonyme de bienfaisance inconsidérée, de réglementation insensée et de redoublement général d'ingérence policière. Mais il y a ici une immixtion sage aussi bien qu'une insensée, une assistance bien ou mal dirigée, et la tendance actuelle est de les confondre. J'ai la conviction que si l'État employait tous les moyens dont il dispose pour élever l'étendard de la moralité, et même à certains égards celui du bien-être physique dans la société, il trouverait qu'il a plus de pouvoir qu'il n'est de mode aujourd'hui de le croire, et verrait que les gouvernements sont blâmables en négligeant les vrais moyens d'atteindre ce but. Le temps est passé où les gouvernements, à généralement parler, étaient activement tyranniques; leur péché favori est aujourd'hui l'indolence et l'indifférence. Quelque scrupule qu'ils aient à faire le mal, ils n'en n'ont en général aucun à le laisser faire; ils permettent d'accumuler des montagnes de maux, de génération en génération, sans faire aucune tentative sérieuse pour prévenir cette accumulation. Un tel état de chose est en quelque sorte inhérent au gouvernement exclusif des hommes, qui encourage cette facile satisfaction personnelle.

« Les hommes sont plus indolents d'esprit que les femmes, et beaucoup trop disposés à croire qu'ils ont fait quelque chose ou qu'il n'y a rien à faire sur ce sujet.

« Leurs consciences et leurs sentiments ont besoin de stimulants et il faut pour cela l'impulsion plus forte et plus active de la femme. On me demandera peut-être si à mon avis, cette impulsion active peut dépendre d'une excitation à la ligne de conduite la plus raisonnable; si les femmes sauraient bien distinguer entre les bonnes et les mauvaises manières de combattre ces désordres et ne seraient point disposées à prendre les moyens les plus absolus pour les plus efficaces. J'avoue franchement que l'éducation politique des femmes exige de grands perfec-

tionnements avant qu'on puisse faire cette affirmation
avec quelque assurance.

« Mais l'objection ne serait fondée que si nous voulions
priver les hommes de leur droit électoral pour le trans-
férer exclusivement aux femmes. Tous nous avons besoin
de prendre mutuellement conseil, nous avons besoin que
le vaisseau de l'État ait des voiles et du lest, et non, comme
il arrive trop souvent aujourd'hui, quand la navigation
est fatigante, qu'il ait du lest sans voiles. C'est le moindre
danger que l'excès de zèle des femmes ne soit pas parfaitement contre-balancé par l'excès de prudence des hommes. Dans ces temps-ci, en matière de gouvernement, nous
ne péchons pas par manque de frein, mais d'éperon, et les
femmes, même avec les défauts actuels de leur éducation,
sont très-propres à cet office.

« A mesure que leur éducation se perfectionnera elles
feront davantage; elles ne resteront pas seulement un sti-
mulant pour les autres, mais elles se rendront elles-mêmes
capables d'accomplir leur part entière de l'œuvre. Les
femmes en général ont l'esprit plus inventif que les
hommes; dans les choses où elles sont réellement intéressées, elles trouvent plus vite les moyens d'arriver à une
solution, surtout pour garantir le succès qui dépend beaucoup des détails de l'exécution. Aujourd'hui c'est précisément le cas pour les tentatives propres à guérir les maux
physiques et moraux de la société. Ce sont des œuvres de
détail. Les hommes forment de grands projets, parfaits
en principe peut-être, et rationnels dans leur conception
générale, mais qui échouent dans la pratique à cause de
difficultés imprévues. Beaucoup de ces projets réussiraient
si les femmes contribuaient à les former.

« Voilà, je pense, sur la marche générale du gouvernement et de la législation, les effets les plus marqués qui
résulteraient de l'admission des femmes aux fonctions civiques. A cela nous devons ajouter que les injustices et
les maux qui affectent en particulier les femmes, ne seraient pas plus longtemps considérés comme trop peu importants pour mériter quelques sérieuses tentatives de répression.

« Pour prendre un exemple entre mille, si les femmes votaient il y aurait une répression beaucoup plus vigoureuse de ces outrages qui constituent un danger sérieux pour les femmes du peuple, contraintes de sortir seules; outrages que l'inexcusable indulgence de nos cours de justice porte maintenant à leur comble. Si les femmes avaient donné leur suffrage, nous n'aurions pas eu les *Contagious Diseases Acts*, qui exposent les femmes et les filles des pauvres aux intolérables outrages de l'inspection d'un officier de police (1); c'est ce qui arrivera si cette loi est réellement appliquée; si on l'abroge, si on ne l'étend pas au pays tout entier, c'est grâce à l'esprit public et au courage de ces femmes d'une élévation si distinguée, qui se sont associées pour obtenir l'abrogation de la loi; ce courage et cet esprit public peuvent être bien appréciés seulement par ceux qui ont stigmatisé le caractère impudent et éhonté de certaines attaques, que des auteurs anonymes firent contre elles dans la presse. Aux adversaires plus dignes et plus honorables qui pensent que ces femmes se trompent et que la voie qu'elles ont adoptée est une indication défavorable de l'usage qu'elles feraient probablement de l'augmentation de leur influence politique, je dirai : « Supposez que cette loi soit aussi bienfaisante que je la crois pernicieuse; supposez que les femmes qui la désapprouvent ne sont poussées par aucune vue raisonnable sur sa nature et sur ses conséquences, mais par un excès ou une fausse application d'un sens moral particulier que les hommes leur ont inculqué comme leur vertu principale et spéciale. Que s'en suit-il? N'est-ce pas un mal que les lois d'un pays répugnent aux sentiments moraux d'une moitié de la population qui, de l'aveu de tous, est la plus morale? Si cette répugnance est fondée sur une erreur, n'aurait-il pas fallu donner du temps, employer des explications et

---

(1) M. J. Stuart-Mill fait ici allusion à la réglementation qui, en France, soumet une classe de femmes à des mesures ignominieuses au profit des débauchés. Une tentative d'imitation faite en Angleterre y a irrité la conscience publique à tel point qu'elle a failli y exciter une révolution. Voir *The Shield*, journal créé pour combattre cette mesure.

des discussions pour rectifier l'erreur, au lieu de leur laisser découvrir après des années que des lois révoltant leurs sentiments les plus intimes ont été votées presque en secret? » Ce serait certainement un des bienfaits du suffrage des femmes que la répression de tels procédés, que la contrainte où il mettrait les législateurs de prendre en considération les sentiments moraux des personnes chez lesquelles ces sentiments sont les plus vifs, et d'accueillir ces sentiments moraux, au lieu de les repousser d'une façon si dédaigneuse.

« Beaucoup d'hommes libéraux et éclairés sur des sujets généraux, qui, par leurs sentiments personnels, incline-raient à rendre justice aux femmes, craignent l'effet im-médiat de leur admission au suffrage, parce que, dans leur opinion, elle accroîtrait beaucoup le pouvoir du clergé. Je n'ai jamais nié que, si le suffrage leur était accordé aujourd'hui ou demain, quelque chose de tel ne pût être temporairement un résultat possible. En désaccord comme je le suis d'opinion et de sentiments avec la plus grande partie du clergé, sur plusieurs points importants, je ne suis pas homme à déprécier cette objection. Mais il est évident pour moi que si le clergé a maintenant un trop grand ascendant sur l'esprit de beaucoup de femmes, sur-tout de la classe moyenne, c'est parce qu'elles sont res-tées en dehors des autres influences qui stimulent l'intel-ligence humaine et forment les opinions. Elles n'ont reçu aucun encouragement pour lire les livres, ou prendre part aux conversations qui leur auraient montré que cer-taines opinions qu'elles reçoivent du clergé sont contes-tées et contestables. Même sans découragement direct, elles n'ont pas assez d'instruction pour prendre intérêt à de telles lectures et à de semblables conversations, parce qu'elles ont été dressées à croire que la part des femmes est d'accepter les opinions dominantes, et que la médita-tion profonde de sujets importants, et la formation d'opi-nions solidement établies par l'audition des arguments opposés, n'est pas du tout leur affaire. Comment serait-il possible qu'elles ne tombent pas sous l'influence de ceux qui s'adressent à elles au moyen des seuls sentiments et des seuls principes qu'on leur a appris à cultiver? Considérons un autre point. Qu'est-ce qui fait que le clergé en général, même en dehors de préjugé direct de profession, est un conseiller si périlleux dans la politique et dans les affaires de la vie? C'est parce qu'il est trop dans la position des femmes; sous une apparence de déférence, on le repousse de la discussion libre et égale sur les grandes questions pratiques, et on lui enseigne à se croire borné à la question morale et religieuse, dans le sens étroit attaché à ces mots; car dans un sens plus large, toutes les questions relatives au juste et à l'injuste sont morales et religieuses. Cette condition n'est-elle pas analogue à celle des femmes? A ceux qui craignent l'influence du clergé sur l'esprit des femmes je dirai : « Si le clergé a sur l'esprit des femmes plus de cette influence qu'il n'appartient à son caractère et à son degré de culture, soyons justes et convenons qu'il l'a loyalement acquise. »

« Le clergé, comme classe, est le seul qui ait pris quelque peine pour cultiver l'esprit des femmes; le seul qui ait fait un appel direct à leurs convictions et à leurs principes personnels; le seul qui se soit adressé à elles comme si elles avaient une responsabilité morale, comme si leurs âmes et leurs consciences leur appartenaient.

« Les prêtres sont les seuls hommes qui ont semblé croire que les pensées et les sentiments des femmes ont quelque conséquence sur les sujets en dehors de la sphère domestique. Ceux qui montrent ce respect pour les femmes méritent d'avoir de l'influence sur elles et continueront à en avoir une trop grande, jusqu'à ce que d'autres hommes emploient les mêmes moyens d'influence que les leurs. Si les pères, les frères, les maris de ces femmes prenaient le même soin de leur esprit; s'ils les invitaient à s'intéresser aux questions qui les intéressent eux, pères, frères et maris, comme le clergé le fait pour les questions qui l'intéressent lui-même; s'ils leur enseignaient, par la responsabilité d'un vote, que la formation d'une opinion intelligente sur les questions publiques est autant leur droit et leur devoir qu'il est

le droit et le devoir des hommes, elles se trouveraient
bientôt plus compétentes et meilleurs juges que le
clergé sur ces questions, et il n'y aurait pas le moindre
danger d'abdication de leur jugement personnel entre
les mains de leurs professeurs cléricaux. Tout ce qu'il
y a d'excessif et de préjudiciable dans l'influence que
les prêtres ont sur elles, s'affaiblirait exactement en
proportion de la participation qu'elles auraient aux
affaires de la vie, et il n'en resterait que le côté salutaire. Au lieu donc de regarder l'influence cléricale
comme un obstacle au suffrage des femmes, je considère
le vote comme le moyen le plus efficace de les affranchir
de l'influence trop exclusive des prêtres. Mais quand ce
danger serait beaucoup plus grand qu'il ne l'est, ce serait
une chose indigne, pour de telles craintes, de refuser à
une moitié de l'espèce les moyens nécessaires de protection personnelle, si grandement estimés par l'autre moitié. Chaque partie de l'humanité a ses dangers particuliers d'erreur, et celui qui refuserait le suffrage aux
autres, parce qu'il craint qu'ils ne se trompent, trouverait de bonnes raisons pour priver tout le monde du droit
électoral, excepté lui-même. Le salut, loin de dépendre
de l'exclusion de quelques-uns, repose sur l'admission de
tous, afin que les erreurs et les excès contraires puissent
mutuellement se neutraliser. Et de tous ceux qui jamais
ont revendiqué le suffrage ou pour lesquels on l'a jamais revendiqué, il n'y en a aucun à l'égard desquels on
donne de si pauvres raisons d'appréhension sur les mauvaises conséquences de la reconnaissance de leur droit;
aucun dont l'exclusion constante repose sur des excuses
aussi insignifiantes et aussi puériles que celles qu'on apporte à l'égard des femmes. »

LA FEMME PAUVRE AU XIXe SIÈCLE

3 volumes in-12.

2e édition entièrement refondue et augmentée du 2e volume.

E. THORIN, ÉDITEUR, RUE DE MÉDICIS, 7, A PARIS

La première partie comprend l'*Émancipation civile et politique ;*
La seconde   —   l'*Émancipation morale ;*
La troisième   —   l'*Émancipation matrimoniale.* — Conclusion.

CHAQUE PARTIE SE VEND SÉPARÉMENT.

N° 3
—

L'ÉMANCIPATION

DE LA FEMME

EN DIX LIVRAISONS

Par Mlle J.-V. DAUBIÉ

———

20 centimes la livraison

———

PARIS

ERNEST THORIN, ÉDITEUR

7, RUE DE MÉDICIS 7,

—

1871

L'ÉMANCIPATION DE LA FEMME

CARRIÈRES PROFESSIONNELLES POUR LES FEMMES

La condition de la femme, dans notre ordre économique et moral, appelle une réforme urgente; son oppression, on ne saurait le nier, en déracinant des cœurs tout vestige de devoir individuel et public, a engendré, avec la fureur des jouissances abjectes, le mépris de la famille, de l'humanité et de l'ordre universel dont notre société se meurt.

Au moment où le pays prenait possession de lui-même, ce mal immense devait attirer l'attention des hommes de progrès; aussi, voyant dans l'éducation des femmes le principe de leur réhabilitation, ont-ils tout d'abord fait des efforts nobles et généreux pour réagir contre l'ignorance et la misère des filles du peuple. Leur sollicitude emprunte un caractère tout particulier à la solennité de l'heure. C'est quand la voix brutale du canon dominait ou étouffait toute voix libre; c'est lorsque les nécessités de la défense nationale contraignaient de déchirer le livre pour amorcer les armes à feu, que la ville de Paris songeait à affirmer les droits de la femme au même dévelop-

pement intellectuel que l'homme[1]. Quand la mitraille
vomissait ses éclats meurtriers sur les écoles, les foyers
et les berceaux, un ministre philosophe et citoyen prélu-
dait aux réformes générales que son nom nous promet,
que son caractère nous assure, en créant une école normale d'institutrices et en fondant des bourses d'enseignement secondaire pour les jeunes filles[2].

Dans cette heure de détresse suprême il osait accomplir
l'œuvre négligée pendant vingt ans de paix par un pouvoir qui dilapidait les milliards au profit d'une fastueuse
et énervante corruption.

Puissent ces germes de réhabilitation, semés d'une
main si ferme, au milieu de nos plus désastreuses tour-
mentes, nous promettre une moisson assez féconde pour
nous consoler des tristesses et des angoisses inexpri-
mables du jour; puissent ne pas périr les énergiques
efforts de pouvoirs régénérateurs; puisse leur œuvre de
reconstruction se poursuivre, se compléter et vivre ainsi
dans la mémoire reconnaissante des âges futurs!

L'examen des lois constitutives de tout ordre social
fait comprendre que le salut de la justice et de l'honneur,
et, par conséquent, le salut de la France, repose sur l'u-
nité de principes moraux, le développement des intelligences et le libre choix des carrières d'où résulte l'harmonie dans la famille, dans la cité et dans l'État. Pour
arriver à fonder le droit public sur des assises inébranlables, il faut donc partir de l'éducation de l'enfant et de
l'adulte, cultiver les facultés physiques, intellectuelles et
morales de l'individu, afin que le citoyen soit à même de
connaître ses droits et de remplir ses devoirs sociaux;
que le producteur, après avoir développé ses talents
natifs, puisse se rendre apte à exercer les industries et à
remplir les fonctions auxquelles ses études et sa vocation
l'appellent. Considérée à ce point de vue, la diffusion de
l'enseignement est un devoir de justice pour les chefs de

---

[1] Commission pour l'enseignement des femmes, à Paris. (Voir le Rapport de Mme Coignet.)

[2] Circulaire aux recteurs, 1870.

toute nation libre, qui aspirent à rendre réelle l'égalité théorique, et malheureusement vaine, dont nos lois font la proclamation. C'est pourquoi, de l'examen des branches diverses d'enseignement général et spécial qu'il faut ouvrir à la femme, nous déduirons ses droits à l'exercice de toutes les carrières où ses aptitudes la poussent. A cette question se rattachent les réformes à introduire dans l'instruction primaire, secondaire, supérieure et professionnelle, pour que tous obtiennent une rétribution légitime, fondée, sans acception de naissance ni de sexe, sur la nature et la valeur du service rendu.

ENSEIGNEMENT PRIMAIRE

Lorsque l'insuffisance déplorable de l'instruction des filles attire l'attention du législateur, il cherche d'ordinaire à y remédier en leur ouvrant des écoles. Mais le mal subsiste quand même, parce qu'il provient de l'incapacité des institutrices, souvent surchargées de travail, presque toujours dépourvues de diplômes ou de méthode pédagogique, et de l'incurie ou de la pauvreté des parents qui n'envoient leurs enfants à l'école qu'un temps très-court.

La plupart des institutrices, on ne saurait le nier, sont si impropres à leur tâche qu'après avoir donné les notions élémentaires de la lecture, de l'écriture et du calcul, elles laissent végéter les enfants d'une intelligence même exceptionnelle, sans leur communiquer de connaissances plus étendues. Ainsi, dans nos bourgs, nos chefs-lieux de canton, certaines jeunes filles, de la classe aisée, qui ont fréquenté toute leur vie les écoles, en sortent à seize et à dix-sept ans, sans avoir appris l'orthographe la plus usuelle. Au lieu de leur faire connaître les règles de la langue par des applications fréquentes et raisonnées, on a mis sous leurs yeux des cacographies, des locutions vicieuses; on s'est borné à un système exclusif d'éternelles dictées, dont la correction hâtive n'a laissé aucune trace dans leur esprit. Par des récitations arides et incomprises, on a surchargé leur mémoire au détriment de leur intelligence. Ainsi, après avoir passé leur enfance et leur adolescence dans l'atmosphère épaisse de l'école, les élèves en sortent d'ordinaire avec l'horreur de l'étude; avec tous les préjugés d'une ignorance déplorable, sans avoir l'esprit ouvert sur aucune question; sans prendre intérêt à aucune lecture, ayant, pour ainsi dire, désappris leur langue maternelle.

Le travail excessif des instituteurs contribue aussi à retarder les progrès des élèves; si, dans les communes rurales peu populeuses, les écoles sont trop vastes et les maîtres trop nombreux pour la population scolaire, d'autres communes au contraire réunissent dans une seule salle d'étude trop d'élèves pour un seul maître ; malgré la capacité et le zèle de celui-ci, les anciens élèves, sacrifiés aux exigences des notions élémentaires à donner aux nouveau-venus, ne font aucun progrès dans la prison où on les séquestre. La création d'asiles dans certaines communes, d'écoles primaires supérieures dans d'autres, en classant les intelligences, hausserait le niveau de l'enseignement primaire ; si toutefois les élèves n'étaient admis à l'école de second degré qu'après un examen constatant qu'ils peuvent en suivre les cours avec fruit.

Même lorsque des difficultés matérielles s'opposent à la séparation des écoles, on obtiendrait de bons résultats en perfectionnant les programmes et les méthodes.

Le programme des écoles primaires, trop souvent scindé, doit former un tout gradué sur le temps et l'assiduité que l'enfant donne à l'école et sur les prévisions qui l'y enlèvent prématurément. Ainsi chaque cours présentera, à différents degrés, un certain nombre de connaissances essentielles, dont la division sera méthodiquement faite, comme dans l'enseignement secondaire, où

un enfant ne quitte une classe qu'après avoir acquis les
notions exigées dans la classe précédente. Il faut donc
limiter assez le nombre des élèves pour que le maître
puisse se rendre compte des progrès de chacun par des
examens périodiques sur toutes les parties du programme.
Il faut exiger surtout une grande assiduité aux leçons,
faire une classe particulière, des répétitions spéciales
pour les nouveau-venus et proportionner le personnel des
maîtres à celui de la population scolaire.

Pour atteindre ce but, il n'est pas même nécessaire de
déterminer *à priori* le nombre des écoles à ouvrir dans
une localité, attendu que la capacité plus ou moins vaste
des salles permet de recevoir un plus ou moins grand
nombre d'enfants et de maîtres. Quand on aura déclaré
que tout enfant ayant droit à l'enseignement, tout tuteur
a le devoir de l'envoyer à l'école, et toute commune celui
de l'y recevoir, les convenances et les nécessités locales
régleront ensuite mille autres questions de détail, auxquelles notre niveau centralisateur a été jusqu'à présent
si funeste.

Quoique l'application des programmes ne doive point
paralyser l'initiative des institutrices, l'inspectrice pourrait s'assurer, en questionnant les élèves, que leur classe-
ment méthodique et progressif a été fait avec toute l'im-
partialité possible.

Si borné et si court que soit alors le temps de la fréquentation de l'école primaire, il faudra l'employer à entretenir l'activité d'esprit des élèves et à leur apprendre
à s'instruire par elles-mêmes. L'institutrice intelligente,
se gardant d'exiger des récitations littérales et inconscien-
tes de narrations ou de faits incompris, cherchera à former le jugement des enfants en leur faisant définir les
mots qu'ils emploient, répéter la leçon en d'autres termes,
expliquer leurs lectures, en prendre des notes, en faire
des résumés, mettre en prose quelques morceaux choisis
de vers, etc. L'habitude de se servir du dictionnaire, de la
table d'un livre, de suivre les indications d'une carte,
d'un plan, d'un dessin, en un mot de ne confier à la mémoire que les faits que l'intelligence se sera assimilés par

ce travail personnel, apprendra aux élèves à remonter aux causes, en se demandant le pourquoi des choses. Les devoirs oraux donneraient aussi la facilité d'élocution et laisseraient une part plus grande à l'activité de l'élève, surtout si l'on introduisait dans les écoles, comme dans les asiles, la *leçon de choses*, ou méthode concrète, qui parlerait à la fois aux yeux et aux oreilles, au moyen de collections propres à donner le goût de l'observation et de l'étude; ces collections, placées dans les salles de mairie, pourraient être laissées aussi les dimanches et les jours fériés à la disposition des adultes des deux sexes. La bibliothèque scolaire et communale deviendrait alors le complément du matériel d'école. Si les livres manquent dans nos campagnes, il faut regretter que les lecteurs y soient plus rares encore ; des lectures expliquées dans les écoles d'adultes; une analyse faite par l'élève des livres lus à domicile; l'étude des passages les plus remarquables, etc., pourraient seuls inspirer aux campagnards le goût pour les plaisirs de l'esprit.

Ainsi l'accroissement du savoir et de la moralité arracherait les masses à ces habitudes grossières et funestes que les ignorants contractent parce que, dans leurs moments de repos, ne sachant se soustraire à l'ennui par des idées, ils y échappent par des sensations.

La plupart des communes qui ont l'enseignement spécial font une seule distribution de prix chaque année pour les élèves des deux sexes; au moyen de cette fête des écoles, il serait facile de stimuler maîtres et instituteurs, en établissant des concours généraux entre les écoles de garçons et celles de filles, et en laissant les compositions écrites sous le contrôle des inspecteurs. Cette responsabilité, qui résulte de la publicité, deviendrait un puissant moyen de progrès et préviendrait la partialité dans la distribution de récompenses qui doivent être décernées au mérite. Si une école se trouvait assez faible pour ne mériter aucun prix, il y aurait là une leçon trop sévère pour que l'enseignement des femmes n'en tire pas profit dans les communes où il est livré à des mains inhabiles.

Inutile d'ajouter que la réforme des mauvais procédés

pédagogiques et des méthodes défectueuses, réclame
tout d'abord une bonne direction pour les aspirantes institutrices, et, par conséquent, la création d'écoles normales auxquelles je consacrerai une partie de cette étude.

LE VOTE DES FEMMES EN ANGLETERRE [1]

DISCOURS DE M. LE PROFESSEUR CAIRNES

Madame la Présidente, Mesdames et Messieurs,

Après le discours de M. J. Stuart-Mill, ma tâche heu-
reusement devient facile. Une particularité du mouvement actuel, c'est que, bien qu'il soit politique, son but
principal et, en tout cas, ses résultats les plus importants
sont plutôt moraux et sociaux que politiques. Je suis
loin de dénier que les franchises électorales des femmes
ne puissent donner d'importants résultats législatifs;
mais je pense que nous ne rendrions pas justice à notre
cause si nous permettions que la plupart des arguments
employés en sa faveur eussent en vue cette classe de considérations; les considérations vraiment importantes sur ce
sujet, celles qui déterminent en réalité un peuple réfléchi,
soit qu'il veuille appuyer ce mouvement ou s'y opposer,
ce n'est pas l'attente de résultats politiques, salutaires ou
non; ce sont des prévisions comme celles de l'effet probable
que l'extension du suffrage aux femmes aurait sur leur caractère personnel, et, par ce caractère, sur les attributions
diverses de la vie où elles ont une si grande influence. On

---

[1] Rapport d'un meeting tenu à Londres par la société nationale pour le
suffrage des femmes.

vous a dit que la tendance de cette politique est de développer parmi les femmes un sentiment plus puissant de devoir public et de responsabilité relativement aux intérêts moraux les plus élevés de la société. C'est, ce me semble, précisément une de ces vérités qu'on peut regarder comme brillant par sa propre lumière ; il n'est pas pour moi de principe moral plus clair que l'alliance de la responsabilité et du pouvoir, et que l'impossibilité absolue d'éveiller le sentiment de la responsabilité, si l'on ne produit celui de la conscience et du droit. . . . .

. . . . En conséquence, le sentiment de l'obligation morale ne peut naître qu'avec la conscience de l'affranchissement. . . . .

Les droits que nous réclamons pour les femmes, directement liés aux principes les plus fondamentaux de la morale, dérivent immédiatement de ses axiomes primitifs; il est donc impossible de défendre ces droits, ou d'argumenter en leur faveur, sans faire un appel constant aux notions de morale les plus simples et les plus élémentaires. On me dira peut-être que ces généralités ne sont pas néanmoins confirmées par les faits, et l'on me rappellera sans doute le nombre des femmes qui, bien que privées de leurs franchises, ont montré avec une éclatante évidence que leur intérêt aux affaires politiques est grand, ainsi que leur compétence pour la discussion des problèmes politiques et moraux les plus importants et les plus ardus. . . . .

. . . . Je maintiens que ce fait, tel qu'il existe, loin de combattre le principe, le confirme au contraire avec l'évidence la plus décisive, car si nous nous demandons quelles sont les femmes qui ont montré ce vif intérêt pour les affaires politiques, nous voyons que ce sont précisément celles qui ont trouvé moyen d'y exercer de l'influence; celles qui à un très-haut degré sont indépendantes du suffrage, en raison de qualités et de talents exceptionnels qui les rendent capables de faire connaître leurs opinions en dehors de la faculté du vote; je dis que ce fait, loin de combattre la cause que je soutiens, fournit au contraire un argument important en fa-

veur de l'extension du suffrage aux femmes, pour qu'il
éveille chez le grand nombre, par des moyens analogues,
le même sentiment vigoureux de devoir public et le
même honorable désir de progrès social manifesté déjà
par le petit nombre de femmes distinguées qui ont ce
but louable. Sans insister sur ce sujet..... je vais résumer
brièvement un autre aspect de la vérité contenue dans
notre motion. Je faisais remarquer tout à l'heure,
comme trait caractéristique de cette agitation, que son
principal objet avait plutôt un caractère indirect que
direct, c'est-à-dire qu'il était uni à son action sur le
caractère des femmes et, par les femmes, sur la société
tout entière. Je suis d'autant plus désireux d'insister ici
sur ce point qu'il me semble qu'on a tiré de cette considération quelques-uns des arguments les plus plausibles
qu'on nous ait opposés. J'ai lu dans une critique de nos
tentatives que les femmes n'occupent pas la sphère
très-étendue d'activité qui leur est ouverte; rien, par
exemple, ne les empêche d'entrer dans tous les emplois
commerciaux et industriels; en littérature elles ont fait
leurs preuves; elles peuvent prendre carrière dans le
journalisme et la médecine; mais, dit-on, à de rares
exceptions près, elles n'ont pas profité de ces avantages;
pourquoi, ajoute-t-on, au lieu de parler, ne descendent-
elles pas dans l'arène pour agir? D'après ces raisonneurs,
leur inaction est une preuve concluante qu'elles ne se
sentent point propres à ces occupations, et l'on nous rappelle tout ce que pourrait faire une seule femme qui se
mettrait à résoudre elle-même le problème de l'initiative
individuelle en usant des moyens qu'elle a à sa disposition. Pour réfuter cet argument je dois dire d'abord
que si cette cause n'a pas triomphé déjà, ce n'est point
par manque de femmes prêtes à descendre dans l'arène
qui leur était ouverte et à diriger leur route dans une
des voies qui leur sont fermées..... L'insuccès, dis-je, ne
tient pas au manque de femmes de cette trempe. Mais,
reprend-on, elles sont en si petit nombre. Bien certainement elles ne sont pas très-nombreuses; on m'accordera
que tout le sexe féminin n'est pas composé d'héroï-

nes; si elles étaient des héroïnes, elles auraient probablement moins besoin des efforts que nous faisons maintenant pour elles; mais l'héroïsme leur manque, et nous savons parfaitement qu'il y a beaucoup de choses que les femmes feraient si elles en avaient le courage et qu'elles ne font pas. Qui donc les retient? Je pense trouver la réponse dans l'objection même. On nous parle de femmes obligées de déployer une énergie extraordinaire pour apprendre un gagne-pain honnête. Quoi donc? Nous ne regardons pas comme un héros un homme qui aspire à devenir négociant ou docteur; pourquoi formerions-nous un jugement différent à l'égard d'une femme? Naturellement la réponse est très-évidente; toutefois il n'y a pas de lois prohibitives dans les cas cités, mais c'est l'opinion publique qui repousse la femme; l'opinion publique qui prononce qu'il lui sied mal de s'engager dans quelque occupation en dehors d'un certain rang de conventions étroites. Nous désirons éloigner ces obstacles de la voie des femmes; nous voulons dompter cette opinion publique et en établir une meilleure sous laquelle non-seulement quelques héroïnes isolées, mais les femmes d'une capacité ordinaire et d'un caractère commun ne puissent être détournées par qui que ce soit d'employer leurs facultés dans n'importe quelle voie et quelle carrière elles trouveront plus utile au public et plus profitable et satisfaisante pour elles-mêmes. C'est, il me semble, une justification suffisante de notre présence dans cette assemblée, car nous pensons que le meilleur moyen d'atteindre à ce but c'est d'étendre les droits politiques de la femme; reconnaissons une bonne fois que les femmes ont des devoirs publics et privés envers l'Etat; qu'elles ont à l'égard de la société des dettes comme à l'égard de leurs familles et d'elles-mêmes; que la vie leur est ouverte pour leur bonheur comme elle l'est aux hommes; admettons complétement cette vérité, et un changement radical dans toute leur éducation et tout leur genre de vie en résultera. Nous produirons ainsi les conditions dans lesquelles seules il est possible d'expérimenter loyalement la capacité des femmes pour la vie com-

merciale et professionnelle. Je ne vois pas qu'il nous soit
nécessaire de nous enquérir du résultat de cette expérience; il suffit qu'on doive la faire; nous désirons qu'on
la fasse, et nous pensons qu'on ne peut la faire d'une manière bonne et efficace sans que le mouvement dont nous
sommes ici les promoteurs soit couronné de succès.

———————

LE SUFFRAGE DES FEMMES EN FRANCE

Si les mœurs anglaises devançant la loi sont parvenues à la faire
réformer, la loi est du moins en France assez libérale pour contraindre à la pratique de la liberté des mœurs corrompues par un
long absolutisme. Donnons-en pour témoignage irrécusable la dé-
claration suivante qui, écrite, à *l'avénement de la République*, à un
Maire de Paris, n'a, remarquons-le bien, rencontré aucune opposition.

« Paris, 20 septembre 1870.

« Monsieur le Maire,

« Les États-Unis, l'Angleterre, etc., pour admettre les
« femmes au vote, doivent réformer des lois applicables
« aux hommes seuls. Grâce à l'égalité civile, proclamée
« en 1789, le texte de nos lois s'applique, sans acception
« de sexe, *à tous les Français*. Les veuves et les filles
« majeures en particulier, acquittant l'impôt comme
« *Français*, peuvent se prévaloir de ce titre pour se faire
« inscrire sur les registres électoraux.

« Leur abstention, motivée autrefois par l'irresponsa-
« bilité des fonctionnaires publics, n'a plus aujourd'hui
« de raison d'être.

« J'ai donc l'honneur, Monsieur le Maire, de vous
« annoncer mon intention de me faire inscrire sur les
« registres électoraux de votre arrondissement que j'ha-
« bite et de vous prier d'accueillir favorablement ma dé-
« claration.

« A l'appui de cette initiative, je prends la liberté de
« vous rappeler que notre dernier pouvoir même a fait
« une interprétation libérale de la loi pour les diplômes
« d'enseignement secondaire et supérieur délivrés en 1861
« la première fois aux femmes, quoiqu'il y eût contre
« leurs droits une longue prescription qui n'existe point
« dans le cas actuel.

« Jamais non plus les femmes n'ont été exclues du droit
« de pétition acquis à tous les *citoyens français*.

« A plus forte raison avons-nous lieu d'espérer que les
« *fonctionnaires responsables de tout gouvernement libre*,
« feront droit ici à notre réclamation.

« Vous me permettrez donc, Monsieur le Maire, de
« considérer votre silence comme une adhésion. Dans le
« cas seulement d'une opposition que, jusqu'à preuve
« contraire, je voudrais croire improbable, si ce n'est
« impossible, je vous prierais de me dire sur quel texte
« législatif elle s'appuie et surtout de quelle autorité elle
« émane. »

—

L'ÉMANCIPATION

DE LA FEMME

EN DIX LIVRAISONS

PAR Mlle J.-V DAUBIÉ

———

20 centimes la livraison.

———

PARIS

ERNEST THORIN, ÉDITEUR

7, RUE DE MÉDICIS, 7

1871

L'ÉMANCIPATION DE LA FEMME

CARRIÈRES PROFESSIONNELLES POUR LES FEMMES

Lorsque les institutrices seront capables, et les méthodes perfectionnées, il faudra encore rendre l'école accessible aux plus petits groupes, et même aux habitations lointaines, en imitant l'Ecosse qui, pendant les frimas, envoie les maîtres instruire à domicile jusque dans les fermes isolées. Toutefois ces mesures seraient insuffisantes si l'on ne cherchait à agir sur des parents ignorants, pauvres, indigents ou vicieux qui contraignent souvent à un travail prématuré et excessif des enfants exploités dans les manufactures, les ateliers, ou instruits à la mendicité, au vagabondage et au vol. C'est ce mal qu'il faut s'efforcer de combattre par l'obligation et la gratuité de l'enseignement.

La généralisation de l'instruction, personne n'en doute, est l'essence des sociétés démocratiques. Si l'on n'y dispense à tous l'instruction d'une main libérale, une partie du peuple reste en proie à l'ignorance et aux préjugés; l'autre, s'estimant supérieure, s'exagère son mérite, prend une fatuité ridicule, rougit du travail manuel et se croit propre à diriger l'Etat parce qu'elle sait lire et écrire. De là des parvenus, des déclassés, des ignorants, divisés d'opinion et impropres à fonder l'harmonie et l'esprit public, qui résulte de l'unité de principes entre les citoyens.

Néanmoins en regardant la diffusion de l'instruction comme un bienfait gardons-nous d'y voir une panacée, et rappelons-nous que la décadence, compagne de l'immoralité et de l'égoïsme, arrive d'ordinaire quand les lettres, les arts et les sciences sont à leur apogée.

S'il ne faut pas conclure de là avec Rousseau que l'instruction est mauvaise, on peut affirmer pourtant qu'elle n'améliore rien, dès que la sanction du devoir social manque à la fois dans la loi, l'éducation et les mœurs.

La lecture et l'écriture, instruments neutres par eux-mêmes, deviennent donc utiles ou nuisibles selon l'usage qu'on en fait; de là si les individus prennent des impressions funestes dans le courant social, le cercle de leurs idées et de leurs comparaisons s'accroissant avec celui de leurs lectures et de leur développement intellectuel, leurs erreurs seront mille fois plus préjudiciables à l'ordre public que l'ignorance la plus grossière.

Nous pouvons en faire la douloureuse expérience dans une civilisation où les hommes éclairés, les classes dirigeantes, les jeunes gens même, qui sont spécialement dans la main de l'administration s'affranchissent avec impunité et cynisme des devoirs les plus fondamentaux. Voilà pourquoi l'instruction et la presse, instruments de coterie, impropres à affirmer des principes, ne servent trop souvent que des intérêts dominateurs, des passions égoïstes et ne développent en conséquence que des cupidités malsaines, qui corrompront d'autant mieux le peuple qu'il sera plus instruit.

Ce n'est pas l'instruction, c'est l'unité de principes sur les notions primordiales qui, en s'imposant aux ignorants comme aux savants, peut seule former le caractère, développer la vertu, cette habitude de vivre selon la raison, et constituer l'esprit public sur des assises inébranlables.

L'antagonisme et l'individualisme, établis par nos lois de convention, nous laissent donc trop apercevoir qu'une sanction pénale en faveur de l'instruction obligatoire serait inefficace si nous laissions la famille dans l'anarchie légale qui nous mène à une irrémédiable décadence.

En faisant même abstraction des enfants illégitimes, dont la condition appelle une réforme urgente, on peut s'effrayer à bon droit de la dissolution dans laquelle l'absence de toute contrainte morale et par suite de l'idée du devoir paternel, a fait tomber la famille en France.

La licence qui forme le fond de l'éducation sociale de l'homme ne lui laisse voir dans le mariage qu'un moyen de satisfaire sa cupidité et d'exercer son despotisme sur la femme, dont il dépense le revenu ou le salaire, et sur l'enfant qu'il délaisse ensuite.

Dans les campagnes le mariage civil et religieux est une formalité à laquelle on se soumet encore, parce que quand le patrimoine fait défaut, elle n'impose pas plus de devoirs que le mariage libre. Chose absurde! le Code français, imbu des idées du droit romain et du droit coutumier du moyen âge, ne protége efficacement dans la famille que la propriété, et ne considère dans l'enfant que *l'héritier*. Pour prévenir l'incurie des parents, notre législation va ici jusqu'à assurer l'héritage à l'enfant contre leur volonté, et à déclarer (art. 444) le père déchu du droit de tutelle pour *inconduite, incapacité ou infidélité*. Enlevons ce patrimoine matériel, toute protection s'évanouit et toute tutelle envers les orphelins mêmes reste fictive. L'enfant n'est plus qu'une chose entre les mains des adultes qui peuvent au gré de leurs passions ou de leur caprice le priver de tout patrimoine moral et intellectuel. Et une preuve de notre absence de principes, c'est que quand nous revendiquons des droits naturels pour l'enfant, nos antagonistes sont les mêmes hommes qui trouvent bon de mettre le père en tutelle pour les questions d'héritage ; la logique de leur déraison va jusqu'à prétendre qu'on fait de l'enfant la propriété de l'État en obligeant ses ascendants à l'instruire.

Non, mille fois non ; mais avant de parler du droit paternel ; avant d'invoquer le *jus utendi et abutendi*, il faut au nom du devoir humain et social, rappeler que si l'enfant n'appartient jamais à l'État, le père doit toujours appartenir à la raison et à l'honneur; qu'il doit à l'ordre public des citoyens utiles bien plus que des héritiers, et que, par conséquent, la loi est bien plus intéressée et fondée à intervenir dans le premier cas que dans le second. De notre incurie à l'égard des mineurs dont l'unique patrimoine consiste dans le développement physique et intellectuel, résultent ces milliers d'enfants, légitimes ou non, livrés à toutes les exploitations dès qu'ils savent se tenir sur leurs jambes; ces êtres souffreteux, privés d'air et d'aliments, à peine vêtus de haillons; ces majeurs du prolétariat, ces émancipés de la faim, écrasés à huit ans de travail dans les manufactures pendant qu'un père et une mère, qui ont perdu toutes les vertus du foyer, consument des salaires élevés, dans l'ivrognerie et la débauche [1].

L'instruction obligatoire suffirait-elle en vérité à la protection de ces êtres privés des soins physiques et moraux que leur faiblesse réclame; n'est-elle pas plutôt comprise dans la sanction de cet article du Code:

« Art. 203. Les époux contractent ensemble, par le « fait seul du mariage, l'obligation de nourrir, entretenir « et élever leurs enfants. »

Au mot mariage substituons le mot *union*, appliqué à toute cohabitation légale ou illégale; déclarons que le mot *élever* implique le mot *instruire*; détournons un instant nos regards de l'*héritier*, c'est-à-dire de l'enfant majeur envers lequel ses parents se sont acquittés de leur dette, pour ne considérer que l'être humain, et nous verrons que loin d'être tyrannique la société revendique un droit et accomplit un devoir en sanctionnant les obligations que la raison et la nature font à tout père et à toute mère d'élever leurs enfants.

Espérons aussi, qu'à propos de l'instruction obligatoire, nous ne serons pas assez insensés pour donner une nouvelle immunité au père naturel en chargeant d'un nouveau devoir le père légal. Je n'insiste pas du reste sur l'obligation de l'instruction qui est indépendante de la fréquentation de l'école ; il n'y a pas même à glaner ici après M. J. Simon, qui a épuisé le sujet avec un talent et une expérience qui ne laissent rien à désirer [1].

L'obligation de l'école appelle sa gratuité pour les enfants indigents ou pauvres ; mais la gratuité absolue qu'accordent déjà spontanément certaines communes ne peut être généralisée par l'État qu'avec des frais énormes dont l'utilité est contestable ; des parents à même de donner l'instruction secondaire et supérieure à leurs fils ; l'enseignement encore plus dispendieux des arts d'agrément à leurs filles, doivent sans doute acquitter la rétribution minime des écoles primaires ; les en alléger aux frais du budget, ce serait en définitive faire payer par les pauvres l'instruction des riches. Il suffit donc d'établir la gratuité sans mesures restrictives pour les indigents et les pauvres qui la réclameront. On pourrait aussi imiter divers pays européens qui établissent la gratuité de l'instruction en dégrevant les campagnes des frais imposés aux villes où la richesse est plus grande. Le principe de la gratuité serait fort imparfait du reste, si on le bornait à l'instruction primaire, car la gratuité doit avoir bien moins pour but de faire instruire les riches avec l'argent des pauvres que de développer tous les talents natifs ; il y a détriment pour la société et injustice pour l'enfant pauvre chaque fois qu'il limite son activité, faute de ressource ; aussi le bienfait de la gratuité ne serait réel que si on l'assurait par des bourses, pour tous les degrés d'enseignement, aux enfants pauvres qui montrent une capacité exceptionnelle dans les écoles primaires. Les communes qui accordent la gratuité absolue agiraient donc bien mieux en prélevant sur les filles riches une rétribution au profit de l'instruction professionnelle des filles pauvres. Soumettons ces questions si graves aux hommes de progrès et songeons que pour régénérer la France il faut songer surtout à la culture de

[1] Voir l'École.

cette classe prolétaire, qui forme les deux tiers de la nation. Prévenons enfin ces convulsions d'Encelade qui ébranlent si souvent la montagne, et convenons qu'il serait dérisoire de contraindre à faire lire un enfant que personne n'a le devoir de faire manger.

OBJECTIONS

Les trois premières livraisons de ce travail ont intéressé, à divers points de vue, nos adhérents et nos amis; les uns, admirant sans restriction la *sagesse anglaise*, ne savent assez louer la logique pressante, la haute raison, et, pour ainsi dire, le bon sens condensé qu'ils remarquent dans les discours précédents. Les autres s'effrayant de l'ignorance et de la dégradation de la plupart des Françaises nous adressent le projet de loi suivant de capacité électorale :

« 1° Auront le droit de concourir à *vingt-cinq ans ré-« volus*, aux élections communales, départementales et « nationales, les femmes munies de diplômes d'enseigne- « ment primaire, secondaire ou supérieur.

« 2° Les directrices de maisons de commerce, d'ateliers « industriels, de fermes etc., après trois années d'expé- « rience, si elles fournissent un certificat d'instruction « primaire.

« 3° Les femmes vivant dans leur intérieur qui produi- « ront un certificat d'études.

« 4° Seront déchues du vote les femmes inscrites aux « bureaux de bienfaisance; celles qui n'enverront pas leurs « enfants à l'école; celles dont l'immoralité est notoire- « ment connue. »

Les considérations précédentes rentrent complétement dans les vues que j'ai émises ailleurs sur les conditions d'âge, de capacité et de moralité qu'il est urgent d'imposer au suffrage universel. Mais, pour rester dans les limites de notre droit et éviter toute confusion, il faut écarter d'abord la femme mariée qui est une mineure.

Reste donc le droit aussi incontestable qu'évident accordé par la loi française aux veuves et aux filles majeures pour le vote au même âge et dans les mêmes conditions de savoir et de moralité que celles qui sont requises des hommes.

La logique ne permet pas d'autre appréciation, puisque le progrès de l'ordre social repose sur l'unité de la morale, de la justice et de la loi relatives à des cas identiques et nettement déterminés. Quant à la déchéance du droit civique pour cause d'indigence, il est nécessaire de distinguer ici entre la misère méritée et la misère imméritée. Cette question, grosse comme une montagne, se rapporte aux droits du prolétariat et à l'anarchie qui règne dans le monde économique.

Puis l'anarchie morale, établie au profit du vice, en allégeant les hommes les plus vils de leur part du devoir social, fait retomber doublement ce fardeau sur la femme.

En tout cas, la paternité n'est jamais pour l'homme une cause immédiate d'indigence, tandis que la maternité prive toujours de salaire son épouse, sa concubine, sa maîtresse ou sa victime.

Si donc le devoir d'instruire ses enfants, si une déchéance quelconque pouvait s'attacher au titre d'indigent, ils devraient s'appliquer au père bien plus qu'à la mère, à l'homme bien plus qu'à la femme.

LE VOTE DES FEMMES EN ANGLETERRE[1]

DISCOURS DE Mme GROTE

Madame la Présidente, Mesdames et Messieurs,

Une personne avancée en âge et infirme qui vient vous
présenter quelques observations peut vous paraître plus
téméraire que courageuse ; mais cette cause de progrès
est digne d'un effort, devoir de reconnaissance envers
notre zélé, notre infatigable et respectable comité et de
félicitations pour le succès de notre œuvre. Je puis dire
que nous sommes remplies d'espérance, mais, il faut
l'avouer, nous n'aurions pas réussi à ce point sans l'assistance chevaleresque des hommes qui nous sont associés. Le sexe le plus fort est venu à notre aide et nous a
donné un tel appui que je nous crois en réalité parvenues
au but.

. . . .

. . . . . . Jamais je ne me suis engagée dans une cause
où mes sentiments fussent plus complétement secondés
par ma raison que dans celle-ci. J'ai toujours senti que
les arguments contre les franchises des femmes sont si
faibles, si bornés, si inefficaces, que je m'étonne qu'on ait
jamais pu les mettre en avant. Mais nous avons eu un
avocat qui, bien qu'en jupe, a plaidé notre cause, non
devant les tribunaux de la justice, mais devant le tribunal
du sens commun ; cette plaidoierie, publiée par la *Revue
de Westminster*, développe des arguments d'une clarté,
d'une force et d'une étendue qui ne laissent pas prise à la
réfutation.

---

[1] Rapport d'un meeting tenu à Londres par la Société nationale pour le
suffrage des femmes.

...... Nous devons nos remerciments à cet excellent avocat en robe de soie, et je suis sûre que toutes nous accomplirons ce devoir.

Il y a toutefois une branche d'arguments qui a été négligée dans l'excellente plaidoirie à laquelle je fais allusion. . . . . . Dans votre dernier Bill de Réforme vous avez investi d'un pouvoir représentatif plus étendu les classes ouvrières, qui ne possèdent pas de propriétés et vivent de leur travail ; c'est-à-dire que vous avez augmenté le poids numérique de la représentation ; vous n'avez pas trouvé juste que la propriété fût en possession de tout ce pouvoir, et lorsque vous avez augmenté un côté de la représentation vous ne songez pas à l'accorder pleinement à l'autre ? Je pense que c'est une raison de plus d'accorder aussi les mêmes franchises aux femmes qui occupent la position du citoyen et en supportent les charges ; qui payent l'impôt et ont toutes les responsabilités qui s'attachent à la propriété. . . . .

. . . . . Je considère la possession des franchises municipales comme un très-grand auxiliaire pour l'acquisition de droits plus étendus et j'en ai l'expérience. (Mme Grote, après avoir cité des exemples à l'appui de son assertion, termine en disant : « Il nous faut avant tout un vote et une conscience libres. »)

DISCOURS DE M. ROBERT ANSTRUTHER, BARONNET, MEMBRE DU PARLEMENT

Madame la Présidente,

. . . . . Je demande à relire le sujet de ma motion : « Notre assemblée est d'avis que l'extension des franchi- « ses électorales aux femmes tendra à développer parmi

« elles un sentiment plus vif de leurs devoirs spéciaux de
« citoyens, et de leur responsabilité générale en ce qui
« concerne le progrès et les intérêts moraux les plus éle-
« vés de la société entière. »

Je suis ici comme un glaneur dans un champ moissonné avec tous les progrès des machines modernes et il
me reste peu d'épis à recueillir ; je demande pourtant à
dire quelques mots sur l'avantage que notre association
poursuit d'abord relativement aux femmes en particulier,
et ensuite à la société tout entière.

Le droit de suffrage accroîtra le sentiment de responsabilité de la femme, étendra le cercle de ses intérêts, et
lui donnera un accroissement de vigueur pour le développement de ses facultés. Depuis quelque temps, il est
vrai, on laisse plus d'initiative à l'énergie des femmes et
on leur permet de prendre une part plus grande aux
questions sociales ; mais néanmoins, combien y a-t-il de
femmes, avec des cœurs généreux, de bonnes dispositions naturelles, du loisir, et souvent de la fortune et de
l'influence, dont la vie est remplie par un cercle étroit de
prétendus devoirs sérieux et d'intérêts vulgaires ! Quel
avantage pour chacune d'être mise en contact avec les
besoins réels et pressants qui l'entourent ; d'être habi-
tuée à sentir qu'elle doit accepter sa part de responsabilité à l'égard des vices criants qui règnent dans l'Angleterre chrétienne. Je sais qu'on trouve un beau sujet
d'argument à demander si les franchises des femmes
sont le meilleur moyen d'accroître leur intérêt pour le
progrès social ; mais tous, je pense, reconnaîtront que
s'il en était ainsi l'avantage serait grand ; nous qui sommes
associés dans ce but, nous pensons que les franchises seraient au moins un pas important dans la bonne voie. On
peut affirmer que les œuvres de charité donnent un emploi suffisant aux loisirs des femmes ; mais, dans l'exercice de la bienfaisance, il ne suffit pas seulement de
donner de l'argent ; l'aumône ne fait que perpétuer le
mal qu'elle s'efforce de soulager ; il faut aussi des projets réels et réfléchis pour aider les pauvres à s'aider
eux-mêmes ; là surtout se montrerait le bienfait d'une

influence près de ceux qui peuvent être les promoteurs d'une réforme. Ceci me conduit naturellement à considérer l'avantage que la société retirerait de l'inscription des femmes sur les registres électoraux. Ne pouvons-nous pas raisonnablement supposer que les maux attachés au système d'administration de la loi des pauvres, les crimes, l'ignorance, l'immoralité qui prévalent ne diminueraient pas si des milliers de femmes en Angleterre sentaient qu'elles ont une part directe dans la responsabilité qui tolère ces maux sans chercher à y opposer un frein légal? Pour moi j'espère que, grâce à notre initiative, l'influence des femmes entrera dans l'administration de la loi des pauvres; qu'on leur attribuera l'inspection sanitaire des habitations des indigents, ainsi que l'inspection et les réformes légales des prisons et des œuvres de même nature, où elles se montrent supérieurement douées. J'ai aussi en vue, d'une manière plus spéciale, leur bonne influence relativement à l'éducation.....

..... Sur toutes ces questions les Anglaises ont droit de faire entendre leur voix, et quand on l'écoutera prochainement, j'ose dire en toute confiance qu'elle se prononcera pour l'éducation de nos enfants dans ces larges principes d'enseignement et de morale sur lesquelles toutes les communions chrétiennes sont fondées et qui forment le terrain commun où tous les chrétiens peuvent se rencontrer et agir sans sacrifier un seul principe.

J'espère donner bientôt l'appui plus effectif d'un vote au parlement, à ce Bill qui lui sera soumis dans cette session.

LE SUFFRAGE DES FEMMES EN FRANCE

Les esprits sérieux se préoccupent à juste titre de notre suffrage universel; la manière dont nous le modifierons doit même, suivant eux, attester le degré de liberté dont nous sommes capables. C'est pourquoi quelques personnes se proposent de comparer, à ce sujet, les vues et les actes des législateurs et des fonctionnaires chez les *peuples libres* des deux mondes. J'indique donc à nos champions du droit les projets de réforme du suffrage universel proposés à l'Assemblée nationale de Versailles, le 1er et le 2 août, par M. de Jouvenel et par M. le comte de Douhet. Ces propositions, renvoyées à la commission d'initiative parlementaire, seront plus tard l'objet d'une délibération publique. Désirant que le jugement de nos amis d'outre-Manche surtout s'éclaire par les faits seuls, je m'abstiens pour le moment de tout commentaire.

Nº 5

—

L'ÉMANCIPATION
DE LA FEMME

EN DIX LIVRAISONS

Par Mlle J.-V. DAUBIÉ

20 centimes la livraison

PARIS

ERNEST THORIN, ÉDITEUR

7, RUE DE MÉDICIS, 7

—
1871

L'ÉMANCIPATION DE LA FEMME

CINQUIÈME LIVRAISON

CARRIÈRES PROFESSIONNELLES POUR LES FEMMES

ENSEIGNEMENT SECONDAIRE, SUPÉRIEUR ET PROFESSIONNEL

Les réformes indiquées pour l'instruction primaire prépareront un métier à ces nombreuses femmes qui, faute de gagne-pain, deviennent inutiles ou nuisibles. Mais tout est à créer dans l'enseignement secondaire et supérieur, puisque l'Université a repoussé jusqu'à présent les femmes et que le second empire a même été jusqu'à faire rentrer dans l'instruction primaire les institutions libres d'enseignement secondaire pour les jeunes filles (1).

Cette injustice repose sur des préjugés étroits et égoïstes, que l'exposition seule de quelques principes suffit pour détruire.

Une considération générale montre que, lors même que l'individu ne tirerait pas un profit direct de ses facultés, l'ordre social bénéficie de la rectitude de jugement et de l'esprit de conduite que donnent les connaissances acquises. Il ne serait donc pas inopportun de démontrer que la moitié du genre humain vaut la peine d'être per-

---

1 Voir la *Femme pauvre au XIXᵉ siècle*, 1ᵉʳ volume.

fectionnée pour elle-même; mais, abstraction faite de ce point de vue, nous pourrons nous convaincre que le développement moral et intellectuel des femmes dans la famille et dans la société est un précieux accroissement de la richesse nationale.

Il est en effet très-important pour le bien de la famille que la jeune fille prenne étendue d'esprit et solidité de caractère dans le calme de l'étude; que l'épouse échange avec son mari des idées saines et communique à ses enfants des notions justes; que la ménagère enfin, la maîtresse de maison intelligente, sache économiser et dépenser à propos. Les femmes oisives, futiles et prodigues sont de nos jours un tel fléau que, sous ce rapport déjà, on peut regarder toute instruction comme professionnelle, même pour la femme qui n'a pas besoin de recourir à un métier pour vivre.

Mais c'est la question du gagne-pain que j'examinerai surtout ici, en démontrant que la femme doit trouver dans l'ordre établi les moyens de remplir ses devoirs de famille et de société; d'acquérir des connaissances étendues et solides et d'arriver par le libre développement de ses facultés natives à une occupation productive de revenus. Ce point de vue est capital pour nous, car en France surtout la dissolution de la famille, les besoins nombreux que la licence et l'égoïsme créent trop souvent à l'homme, ont, nous l'avons vu, transformé le devoir paternel même en une vertu facultative et en quelque sorte surérogatoire. C'est ainsi que le mariage, devenu contrat mercenaire, n'est, dans des cas nombreux, qu'un accouplement de capital et de débauche, qui contribue à l'oppression de la femme au même titre que le célibat corrupteur.

De plus, la répartition imparfaite des fruits du travail, la prépondérance abusive du capital, le salaire trop souvent insuffisant de l'homme, le principe même de l'égalité civile, dont l'effet est d'isoler les individus, laissent des millions de femmes qui, dans le mariage, le célibat ou le veuvage, doivent souvent suffire seules à leur entretien personnel, et même à celui de leurs enfants, de leurs ascendants et de leurs collatéraux. Lorsqu'elles n'ont trouvé aucune initiative pour les professions de leur goût et de leur choix, elles subissent d'ordinaire des métiers improductifs, si elles ne descendent pas aux derniers degrés de la honte, ou ne figurent point parmi ces milliers de déclassées dont l'incapacité seule peut égaler l'outrecuidance. N'ayant professé dans leur jeunesse que le mépris du travail, l'amour de la dépense et du luxe, elles ont couru toutes les soirées, tous les bals, toutes les eaux, à la recherche d'un introuvable mari ; et, sur le retour, en face des nécessités de la vie, elles accusent le ciel et la terre qui ne leur offrent aucun emploi, quand la loi inflexible de la concurrence les repousse des professions qu'elles n'ont point apprises.

Si donc le travail rémunérateur est une cause de dignité, de liberté et de sécurité pour l'homme, à plus forte raison le deviendra-t-il pour les femmes qu'il rachètera d'un tel servage. Toute occupation qui donne indépendance à la jeune fille et lui permet l'épargne est en conséquence une force économique et morale de premier ordre.

Le droit des femmes au libre développement de leurs facultés, pour le choix de métiers salubres, d'où elles tirent rétribution, selon leur capacité et leurs œuvres, doit être envisagé comme un devoir fondamental par des civilisations dont les proclamations d'égalité ont enlevé à la jeune fille la fixité de position que le cloître, la famille ou l'industrie lui attribuaient autrefois avant sa naissance.

La liberté et la concurrence, ces deux pôles de notre vie civile, permettent à l'homme de corriger le sort par ses aptitudes. Dès qu'on enlève ces moyens à la femme, on la prive de sa valeur économique et on la rend ainsi victime d'une injustice préjudiciable à l'ordre général.

De ce préjugé individuel et social qui interdit à la femme d'agir dans la même sphère d'action que les hommes, de participer à leurs progrès, résulte pour elle une diminution de capacité intellectuelle et morale qui diminue d'autant celle des nobles attributs de l'humanité.

D'ailleurs, si le principe de l'initiative personnelle est vrai pour l'homme, l'harmonie sociale exige qu'il le soit pour la femme ; si ce principe est faux au contraire, tous, remis en tutelle, doivent être, comme ils l'étaient sous notre ancien régime, soumis à des réglementations et à des incapacités décrétées d'avance.

OBJECTIONS

Les électeurs hommes sont déjà trop ignorants et trop immoraux pour que nous désirions voir voter des femmes encore plus ignorantes et plus immorales qu'ils « ne le sont. »

O esprit généralisateur et centralisateur qui as perdu la France, voilà bien de tes coups ! Pour t'épargner la peine de la réflexion, tu comprends sous le nom d'électeur tout ce qui est immoral et illettré en France, et Dieu sait quand nous pourrons te faire sortir de là ! Petite tête à l'évent, tu as donc décidé, dans quelque case de ta cervelle étroite, que toute femme, si morale et si instruite qu'elle puisse être, est nécessairement *plus immorale et plus ignorante* que n'importe quel électeur masculin ; tu l'as dit, je m'incline ; je dois te reconnaître pour maître, puisque tu règnes encore des Alpes à l'Atlantique et aux Pyrénées : *magister dixit.*

Tout en subissant l'autorité écrasante de ton despotisme, je me permets pourtant de te faire remarquer que si le suffrage tel qu'il est actuellement organisé est un *mal*, il faut se garder de le tolérer plus longtemps ; que si, au contraire, par des réformes rationnelles, il peut devenir un *bien*, il faut se garder d'en limiter l'application.

Réfléchis à cela, aimable concitoyen, si toutefois ton cerveau est de taille à suffire à cette rude besogne. Sinon, je te rappelle que *la parole est d'argent, mais que le silence est d'or*.

LE VOTE DES FEMMES EN ANGLETERRE [1]

DISCOURS DE Mme FAWCETT

Je suis chargée de vous présenter la motion suivante :
« Notre *meeting* voit avec grande satisfaction la présenta-
« tion à la chambre des Communes d'un Bill pour l'a-
« brogation de l'incapacité électorale des femmes. »

Les personnes qui s'intéressent à l'extension du suffrage
des femmes sentent, je pense, qu'il est temps de porter de
nouveau cette question, d'une manière pratique, devant
le parlement et le pays. Ceux qui nous objectent sans cesse
que le suffrage des femmes répugne aux sentiments du
peuple ne croient pas nécessaire de déterminer la nature
de ces sentiments, ni de nous dire s'ils sont fondés ou non
sur la raison et sur la justice.

Le meilleur moyen de combattre une opposition de ce
genre est une discussion assidue et complète des prétentions des femmes au suffrage, et une réitération constante
des bases de raison et d'équité sur lesquelles cette revendication s'appuie. Il n'est rien d'aussi propre à provoquer
des discussions et des conversations sur ce sujet qu'une
pétition à la chambre des communes..................
.... Quelques personnes regardent cette
question du suffrage des femmes comme résolue, d'autres

---

[1] Rapport d'un meeting tenu à Londres par la Société nationale pour le
suffrage des femmes.

n'y voient qu'un caprice et pensent qu'elle ne peut avoir aucune portée politique. Ces personnes seraient plus respectueuses pour nos efforts si elles les voyaient incorporés dans un bill actuellement soumis au vote de la Chambre. De plus, dans différentes parties du pays ont eu lieu des discussions et des *meetings* auxquels les femmes ont pris part; elles ont ainsi montré leur intérêt pour leur propre affranchissement politique, et contribué à détruire le préjugé encore si fort contre les femmes qui prennent part aux affaires publiques. En discutant sur le bill, on démontrera peut-être que les droits des hommes et ceux des femmes s'appuient exactement sur la même base; s'il en est ainsi, nous ne pouvons manquer d'obtenir l'adhésion de tous les ouvriers et de tous ceux qui ont pris part à l'agitation qui a précédé le bill de réforme de 1867. Nous pouvons à peine espérer renverser tout d'un coup la haute montagne de préjugés qui s'élève contre le suffrage des femmes; si l'on ne vote pas notre bill, nous n'en serons donc nullement découragées. Je pense que le premier effet pratique de son rejet serait une notification qu'il sera réintroduit aux premiers jours de la session prochaine. Quelques-uns prétendent que les femmes ne doivent pas être affranchies parce que la plupart d'entre elles sont conservatrices. Je ferai remarquer que les personnes qui usent de cet argument admirent avec ardeur le caractère représentatif du gouvernement de notre pays. Mais est-ce que les institutions représentatives n'exigent pas que toutes les nuances d'opinion aient leur poids légitime et proportionnel dans la législature? Si la plupart des femmes sont conservatrices, le parti conservateur, dans la chambre des communes, s'y trouve donc disproportionnellement faible, vu sa force dans le pays, et alors le caractère de nos institutions représentatives est violé.

Mais, reprend-on, quel malheur, quelle calamité publique, si le parti de la réaction est affermi! A cela je répondrai que rien, je crois, n'est aussi propre à fortifier le parti de la réaction que l'antagonisme entre le caractère d'un peuple et la règle sous laquelle il vit. C'est pourquoi je pense que cet argument sera repoussé de toute part.

Naturellement, les conservateurs ne peuvent l'accepter et l'admiration des libéraux pour les institutions représentatives les contraint à le rejeter. Ces arguments, et beaucoup d'autres contre le suffrage des femmes, recevront sans doute à la Chambre des communes et ailleurs toute l'attention qu'ils méritent; en conséquence, je conclus en appuyant la motion du *meeting*.

___

DISCOURS DE LORD AMBERLEY

Mesdames et Messieurs,

La motion appuyée par le discours si clair et si intéressant de madame Fawcett prie notre réunion d'exprimer la satisfaction qu'elle ressent de la présentation à la Chambre des communes d'un Bill pour revendiquer la capacité électorale des femmes ; je serai, j'espère, d'accord avec l'esprit de cette motion si je vous expose brièvement les raisons principales qui me portent à voir avec plaisir la présentation de ce bill, et qui me rendraient plus heureux encore s'il passait dans la législation du pays.

D'abord il me semble que dans un pays gouverné par des institutions semblables aux nôtres nous devrions accueillir comme une chose bonne et désirable en elle-même les vœux que fait pour l'égalité politique n'importe quelle classe des sujets de la reine. On nous a appris à regarder la possession d'un vote comme une chose très-estimable et excellente, et il me semble que si un certain nombre de femmes viennent vous dire qu'il leur serait agréable de posséder le suffrage et de prendre part au gouvernement de leur pays, vous devriez accueillir ce vœu comme un progrès dans leur éducation politique et dans leur intelligence. On nous a affirmé qu'il n'est pas

nécessaire de leur accorder le suffrage parce qu'elles ont
déjà assez d'influence et qu'elles ne gagneraient rien à la
capacité électorale. Il paraît que des milliers parmi elles
ne pensent pas ainsi, et je crois qu'elles doivent être elles-
mêmes les meilleurs juges de cette question. Mais je pourrais en appeler ici en toute confiance à n'importe quel
membre du parlement, et lui demander de juger par sa
propre expérience si, en réalité, ses commettants féminins
ont, par un moyen quelconque, la même influence sur ses
déterminations que ses commettants masculins. Je suis
sûr qu'il serait obligé de me répondre négativement. Les
femmes ne peuvent, par exemple, agir sur les comités
d'élection; elles ne peuvent assister aux réunions électorales ni y poser aux candidats ces questions dont la réponse détermine les votes; elles ne peuvent leur écrire,
sur les questions politiques, des lettres qui réclament
leur attention sur tel ou tel sujet pour appuyer une pétition ou s'opposer à une autre. Si les femmes étaient ad-
mises au suffrage elles prendraient inévitablement un
plus grand intérêt et une plus grande participation à la discussion des questions politiques; et je suis porté à croire
que c'est d'une importance particulière à une époque
où il est évident que les questions sociales deviennent de
jour en jour plus capitales et réclament de plus en plus
l'attention des législateurs; c'est précisément sur les questions de lois criminelles, les questions de réforme, d'assistance et les maux divers qui accablent la société, que les
femmes sont le plus compétentes pour nous donner leur
avis. Mais il y a une autre raison qui me fait désirer la reconnaissance des franchises pour les femmes, et croire que
leur influence serait insuffisante sans la possession de ce
droit. Je ne pense pas que la loi puisse sauvegarder l'é-
quité entre les hommes et les femmes s'ils ne sont placés
l'un et l'autre sur le pied de l'égalité politique.

On a fait remarquer à satiété que la loi est souvent d'une
déloyauté et d'une injustice extrêmes relativement à la
condition de l'homme et de la femme; que cette injustice
provient de ce que les femmes ne sont pas sur le pied
d'égalité politique avec les hommes, et qu'en conséquence

on a conféré à ceux-ci divers avantages dont on a exclu
les femmes. Prenez le seul cas de la propriété d'une femme
mariée; il suffira pour montrer la manière différente dont
les femmes sont traitées par suite de l'incapacité où elles
sont de faire sentir et comprendre leurs propres intérêts,
comme les hommes font sentir et comprendre les leurs.
Mais ce qu'il y a de plus grave, on nous objecte que les
franchises électorales exerceront une influence dégradante
sur le caractère des femmes. Des personnes qui ne peuvent pas aussi bien le démontrer que l'imaginer, et qui
le pensent sans être à même de le prouver, ne peuvent,
en raison d'un sentiment vague, supporter d'accorder le
suffrage aux femmes, dans la crainte des effets redoutables, qu'à leur avis, il exercerait sur le caractère féminin.
Ces personnes semblent prévoir un temps où toutes les
femmes parcourront le pays pour faire des discours, des
conférences et des prédications; elles craignent qu'au lieu
de s'occuper à lire la chronique du jour, achetée au col-
portage, les femmes affranchies n'étudient des livres
aussi pernicieux et aussi corrupteurs que la *Logique* de
J. Stuart-Mill et l'*Histoire de Grèce* de Grote. C'est sans
doute une très-terrible perspective; elle doit particulièrement alarmer beaucoup les jeunes gens qui viennent
de terminer leur éducation dans nos écoles publiques ou
nos universités, et qu'on peut par là même supposer entièrement incapables de comprendre ces sujets; pour mon
compte, je ne redoute point ces effroyables résultats, quoi
qu'on puisse faire relativement à l'éducation et à l'émancipation des femmes; je crains de ne point pouvoir affirmer qu'il y ait jamais un temps où l'on ne trouve pas un
nombre de femmes frivoles suffisant pour tous les besoins
de la vie sociale, car je vois que quoique toutes les branches
de la vie publique soient ouvertes aux hommes, qui n'en
sont exclus par aucune prohibition politique, rien néanmoins jusqu'à présent n'abonde comme les hommes frivoles.

Mais, dit-on, les femmes vont être détournées de leurs
devoirs domestiques, et leur temps sera employé en agitation et en affaires politiques.

Je ne puis essayer de répondre complétement à cette objection en quelques mots; s'il y a pourtant un motif sur lequel j'appuierais de préférence la motion de l'émancipation des femmes, ce serait celui de l'influence qu'elle exercerait, à mon avis, sur la vie domestique. Il me semble que l'expérience est entièrement en notre faveur pour cette partie de la question; si nous regardons dans le passé, et si nous comparons d'autres pays au nôtre, nous trouverons que les femmes les plus complétement élevées en vue du mariage et des devoirs domestiques sont moins propres à accomplir ces devoirs spéciaux, et c'est en parfaite analogie avec d'autres cas. Vous ne pouvez espérer rendre quelqu'un propre à une profession spéciale en l'élevant exclusivement en vue de cette profession; mais vous pensez qu'il agira mieux dans ses affaires particulières s'il a une éducation étendue et générale; il en est de même pour le mariage. Je ne doute pas que les femmes ne soient meilleures épouses et meilleures mères si elles avaient d'autres intérêts en dehors de leurs intérêts domestiques, et qu'elles ne soient plus propres à élever leurs enfants si elles étaient elles-mêmes intéressées aux questions politiques du jour. Je suis sûr, par exemple, que si l'on voulait se donner la peine de comparer le continent à l'Angleterre, on ne pourrait dire que les femmes du continent européen, qui sont tenues dans les limites beaucoup plus étroites, et élevées spécialement en vue du mariage, sont, sous aucun rapport, meilleures épouses et mères que celles de notre pays, qui vivent avec plus de liberté et ont des intérêts beaucoup plus étendus. Je dois faire remarquer que nos adversaires sont très-inconséquents sur cette partie du sujet; pendant qu'ils sont si effrayés de voir les femmes enlevées à leurs devoirs d'intérieur par la vie politique, ils ne le sont nullement de les en voir détournées par d'autres occupations; une femme peut donner son temps à tous les genres de travaux qui apportent d'immenses obstacles à la vie et aux devoirs domestiques; elle peut passer ses journées de la manière si admirablement décrite par M. Robert Anstruther; elle peut dépenser selon ses désirs son temps à sa beauté, à

sa toilette, aux amusements les plus égoïstes, à tous les
genres d'occupation du caractère le plus frivole, et la société n'aura pas un mot d'objection; mais si cette femme
donne le même temps à des réunions pour l'encouragement de causes auxquelles elle est si grandement intéressée; si elle désire voter pour appuyer des candidats
dont elle croit l'élection importante pour le pays, alors on
pense qu'elle est impropre aux devoirs de la femme et de
la famille (she is thought to be unfeminine and undo-
mestic), et la société n'a pas de termes assez forts pour la
condamner. Certainement il y a là pour moi une grave in-
conséquence; mais je ne demande pas aux femmes de sacrifier tout amusement légitime et de changer d'occupations; je ne demande point à celles qui pensent ainsi de
changer d'opinion et de conduite; qu'elles continuent d'a-
gir comme elles l'ont fait, si elles sont satisfaites de leur
position et de leurs occupations actuelles; je réclame seulement (et c'est, je pense, une humble requête) qu'elles ne
s'interposent point par leur ridicule, par leur indifférence
et par leur hostilité pour empêcher d'autres femmes,
moins satisfaites qu'elles ne le sont elles-mêmes, de seconder de tout leur pouvoir le progrès de leur sexe et, si
possible, le progrès général de la société.

LE SUFFRAGE DES FEMMES AUX ÉTATS-UNIS

Le mouvement d'émancipation politique des femmes
est très-curieux à suivre dans les deux mondes. Un amen-
dement apporté en faveur des nègres à la constitution des
États-Unis déclare que toute personne née dans ce pays y
est citoyenne. Or les Américaines réclament les droits civi-

ques à titre de *personnes*. Si les prémisses de leur argumentation sont irréfutables, la conclusion en est peut-être trop large ; en effet, leurs antagonistes peuvent leur dire : « La femme mariée est une *chose* qui ne vit civilement que sous la tutelle de son mari, il faut donc que, comme en Angleterre, une loi fasse de l'abrogation de son incapacité politique la préface d'une réforme dans sa condition civile. » D'autres logiciens seraient de force à dire aux femmes : « Vous n'êtes ni assez noires ni assez puantes pour voter ; allez vous tremper dans un fleuve d'encre et vous huiler la peau afin de conquérir les droits civiques, que la constitution accorde aux nègres. » Je ne sais si la loi des États-Unis fait comme chez nous une personne civile de la femme qui n'est pas en *puissance de mari ;* en cas d'affirmative, et si les Américaines rencontraient quelque obstacle, je les engagerais à interpréter l'esprit et la lettre de la constitution dans le sens le plus étroit que puissent lui donner des préjugés hostiles ; à se borner en conséquence à la revendication *des droits politiques pour les femmes veuves et les filles majeures de la classe noire ;* quand elles se seraient rendues inexpugnables en se plaçant sur ce terrain, le ridicule de l'exclusion des blanches deviendrait si flagrant que le législateur irait de lui-même au-devant d'une réforme rationnelle, dont il faut toujours prendre le point d'appui dans des principes incontestés pour en tirer surtout des conclusions incontestables. Pour nous qui voyons tous les ans les *Français majeurs en possession de leurs droits civils* devenir électeurs, nous nous sommes naturellement tâté le pouls pour nous demander si nous étions *Français ;* mais les percepteurs et les receveurs, qui ne donnent point d'autre nationalité à nos poches, ne nous laissent aucun doute à cet égard, pas plus que les capitaines Jouennes, qui nous trouvent dignes de mort parce que nous commençons à devenir avocats, ce qui est pour eux synonyme de pétroleuses. Nous sommes aussi incontestablement Français *majeurs*, hélas, très-majeurs, héroïquement majeurs, et tous les jours vingt-quatre heures de plus en plus majeurs.

Ses rides sur son front ont gravé ses exploits :

Contentez-vous donc de ce témoignage irrécusable sans nous faire l'injure de nous demander notre extrait de naissance, ce qui, dit-on, ne s'obtient jamais d'une femme bien élevée, dont la jeunesse doit être aussi éternelle que celle des trois Grâces. Français majeurs, *en possession de leurs droits civils;* qui le contestera, puisque nous faisons en notre nom privé tous les actes civils pour lesquels l'épouse a besoin d'une procuration maritale? Je crois que la logique anglo-saxonne sanctionnerait des droits ainsi précisés; l'arbitraire seul peut donc nous dénier nos titres; toutefois l'agitation qui commence à se faire autour de cette question est d'un bon augure; elle montre que, malgré les mœurs chinoises nées de notre profonde léthargie, nous avons conservé encore la faculté de faire entendre une voix harmonique dans le concert des peuples libres.

L'ÉMANCIPATION

DE LA FEMME

EN DIX LIVRAISONS

PAR Mlle J.-V DAUBIÉ

20 centimes la livraison.

PARIS

ERNEST THORIN, ÉDITEUR

7, RUE DE MÉDICIS, 7

—

1871

L'ÉMANCIPATION DE LA FEMME

SIXIÈME LIVRAISON

CARRIÈRES PROFESSIONNELLES POUR LES FEMMES

Pour se dispenser d'être justes, certains esprits routiniers répliquent : « Mais la femme n'est-elle pas une créature inférieure, incapable d'exercer les droits inhérents à l'égalité civile? » Souvent même notre infériorité, incontestable pour eux, est l'objet d'un dédain assez suprême pour les dispenser de toute discussion comme de tout devoir à notre égard.

De ces assertions il faudrait au contraire déduire que si la femme est nécessairement et fatalement inférieure, l'inégalité des forces rendant illusoire le principe même de l'égalité civile, il devient nécessaire d'accorder à cet être déchu des moyens plus étendus d'action. A plus forte raison aussi, dans cette hypothèse, les hommes, si infailliblement supérieurs, n'auraient que faire des monopoles qu'ils s'arrogent contre nous. Quand il serait très-évident que la femme a toujours à un moindre degré les facultés de l'homme, il suffit qu'elle les possède pour que leur éducation commune soit fondée sur des principes identiques. Mais la vérité des choses nous contraint à abjurer ici

tout esprit de système et à reconnaître que les lois du
développement naturel de l'individu s'opposent à ces théories absolues fondées sur des conjectures et trop souvent
démenties par les faits, parce que la diversité des esprits
n'admet pas nos règles inflexibles. Si l'on s'étonne à bon
droit de voir certains philosophes construire des systèmes erronés sur la nature et la destinée des femmes pour
s'être bornés à l'examen du milieu où ils vivaient, on
peut s'effrayer des idées fausses que l'égoïsme seul est à
même de dicter sur ce sujet aux masses illettrées.

Pour qui veut juger sainement, il est très-facile d'é-
tablir qu'un grand nombre des différences intellectuelles
et morales qu'on remarque aujourd'hui entre les sexes résultent des conditions sociales où se développe la femme
frappée d'incapacité. Les faits qui pèsent sur elle pendant toute sa vie, les passions et les préjugés qui la re-
tiennent en servage, doivent nécessairement modifier
ses aptitudes, sans qu'on puisse conclure à une infériorité
radicale.

Personne n'en disconviendra, la femme n'est nullement
dans l'ordre moral et économique ce que la nature et la
raison demandent qu'elle soit. Dès que sa vocation et les
lois progressives de son développement sont contrariées,
ses dons particuliers restant sans valeur, il est impossible
de porter des jugements sains sur son compte. Une com-
paraison entre les femmes de l'ancien monde et celles du
nouveau suffirait pour justifier cette assertion. Quand
notre instruction aura été aussi solide et aussi forte
qu'elle est faible et incohérente, quand notre curiosité
aura été tournée vers les idées générales, alors, seulement alors, on pourra prononcer en meilleure connaissance de cause sur nos facultés. Dans une question dont
les conséquences sont si graves pour l'individu et pour l'ordre public, écartons donc ces généralisations empiriques,
ces idées qui, dépourvues d'analyse et d'esprit philosophique, n'ont aucun de ces caractères de certitude, de ces
lois immuables que les sciences exactes tirent de l'observation de faits invariables et constants.

D'autre part, toutes les causes d'infériorité sociale de

la femme fussent-elles enlevées, son infériorité native
et radicale fût-elle aussi nettement prouvée qu'elle l'est
peu, la présomption absolue qui déclare certains individus impropres à certaines fonctions ne serait jamais infaillible, et fournirait encore des exceptions assez nombreuses pour enlever tout prétexte à l'esprit de système. L'expérience, comme nous l'avons vu, ne fournissant jamais
ici des bases suffisantes pour une induction infaillible,
il nous faut abandonner tout dogmatisme pour passer de
la *certitude* à la *probabilité ;* pour convenir, tout cas échéant,
que le droit théorique, l'égalité effective, sont indépen-
dants de la capacité personnelle. Les différences abstrai-
tes de qualités et d'aptitudes particulières ne reposant
non plus sur aucune donnée logique, le genre ou le degré
des études ne peut être qu'une question d'appréciation
individuelle. En effet, de ce que tous les Français peuvent
être notaires, juges, avocats, professeurs, médecins, etc., il
n'en ressort nullement que le même homme soit apte à
chacune de ces professions, ni que tous aient l'intelligence
nécessaire pour en exercer une seule ; c'est à l'individu
qu'il appartient ici de sonder ses forces et de connaître sa
volonté dans la recherche de la carrière de son choix.
Ainsi, quand les femmes seraient impropres à atteindre
tous les genres de supériorité, il ne s'en suivrait pas qu'il
faut leur interdire de poursuivre celui où elles montrent
une vocation spéciale, puisque dans les diverses branches
d'études communes aux hommes, dans les fonctions qu'ils
se disputent, l'infériorité relative des concurrents, les
incapables, les *fruits secs* même qui se présentent pour
échouer à leurs risques et périls, n'ont jamais fait prononcer *a priori* l'éviction d'aucun candidat. Quelles que
soient donc les conditions et les restrictions préalables
qu'on impose aux hommes pour l'obtention d'un emploi,
il n'y a aucun motif raisonnable et sérieux de n'y pas admettre les femmes aux mêmes conditions. Il résulte de
là qu'aucune éviction préalable n'est admissible en aucune
occasion, pour les emplois mis au concours et donnés,
après examen, avec les garanties nécessaires pour sauvegarder l'intérêt public. La femme qui, dans un concours

où les places sont limitées et données aux plus méritants, l'emporterait en dehors de la faveur et de la brigue prouverait même qu'elle était supérieure à ses compétiteurs de l'un ou de l'autre sexe pour la spécialité où on la leur a préférée.

La société qui, par esprit de système, prétend ici se substituer à la nature, montre une insanité incompatible avec l'harmonie et l'ordre publics, car il suffit d'être libre de préjugés pour comprendre que la liberté la plus complète ne saurait faire accomplir l'impossible aux femmes; pour savoir que l'égalité, qui n'est que le respect des droits individuels, ne peut conduire à l'identité, par la raison toute simple qu'on ne refait pas la nature, même en la contrariant, en la comprimant et en l'étouffant. S'il est tyrannique d'interdir à la femme ce que sa constitution lui permet, il est par là même oiseux de lui défendre ce que cette constitution ne lui permet point, puisque l'incapacité réelle rendant les entreprises ridicules et insensées fait tomber d'eux-mêmes les efforts impuissants. Il faut donc combattre à tout prix cette école d'absolutisme qui se substitue trop souvent à la concurrence, c'est-à-dire à la nature secondée par la liberté, pour exclure sans examen les femmes des métiers où elle les prétend incapables ou inférieures à l'homme.

L'intérêt des femmes fût-il seul en cause ici, notre arbitraire blesserait le droit moral qu'a tout individu de choisir ses occupations à ses risques et périls, d'après ses préférences particulières; mais l'injustice frappe aussi ceux qui pourraient profiter des services des femmes; ainsi, en supprimant les compétitions et l'influence excitante qu'un plus grand nombre de concurrents exerceraient sur les compétiteurs, elle restreint les limites de leur choix au grand détriment de tous. Une somme incalculable de troubles économiques et moraux résultent de la négation de ces principes incontestables; il est donc urgent de les appliquer tout d'abord dans l'enseignement professionnel des femmes et de démontrer que toutes les branches d'études doivent leur être accessibles, sans excepter celles dont les hommes se sont fait un monopole spécial, parce qu'elles

conduisent aux fonctions lucratives ou élevées. Mais il faut
rougir surtout de voir que, dans les plus humbles métiers,
une raison d'état arbitraire, repoussant les salutaires leçons de l'expérience, nous ait bannies pour cause d'infériorité, et même d'incapacité présumée.

Comme je l'ai démontré, la réaction contre cet absolutisme doit commencer par la réforme de l'instruction primaire, qui, en développant les facultés, préparera les voies
à l'enseignement spécial et donnera l'indépendance à la
fille du peuple par un travail honnête.

La révision ou plutôt la sanction des lois sur l'apprentissage est une autre condition essentielle du libre développement physique, intellectuel et moral de la jeune fille
dans les travaux appropriés à sa nature. Dès qu'elle pourra
s'appliquer à un métier sans craindre l'exploitation, il lui
sera permis de lutter à armes égales et de faire lever les
prohibitions qui la frappent dans certains ateliers pour
des emplois aussi féminins que ceux de l'imprimerie.

L'enseignement de couture des écoles de filles et des
ouvroirs, impropre à fournir un gagne-pain, n'est pas
même suivi dans les départements qui ont une industrie
prédominante ; certains métiers s'y apprennent à si peu
de frais, et en si peu de temps, que l'apprentissage se ferait avec plus de fruit en dehors des écoles, si la spécialité
de profession ne nuisait pas à l'éducation générale, et si
la jeune fille trouvait son développement normal sous le
toit domestique. Mais à l'atelier, comme au foyer des patrons, toute adolescente doit apprendre un emploi assez
lucratif pour en tirer une indépendance honnête.

OBJECTIONS

« *Les femmes* ne veulent pas du vote, et, l'eussent-elles
obtenu, elles ne s'en serviront pas. » Nous avons toujours,
comme on voit, à combattre le même esprit de généralisation hâtive ; il agit ici comme ce voyageur qui, au sortir
d'un vaisseau, apercevant une femme rousse, s'empressa
d'écrire sur son carnet : « Toutes les femmes de ce pays ont
les cheveux rouges. » Pour éviter cette erreur de raison-
nement, disons : « *Quelques femmes, certaines femmes, beaucoup de femmes* ne veulent pas du vote, » et nous conclurons
quand même à affirmer le principe du droit, indépendamment de ses applications.

Il est probable que si toutes les femmes refusaient le
droit de suffrage, je n'écrirais point ces lignes qui ont eu
assez d'écho déjà pour que des réclamations de femmes
mariées me soient parvenues, tout comme si j'étais à même
de les mettre hors de tutelle. A cette occasion je leur dirai
que ce n'est pas ma faute si leur déchéance ne leur permet pas même de déposer un franc à la caisse d'épargne
ni de contracter le moindre engagement avec le Mont-de-
Piété. C'est donc leur émancipation civile qu'il faut poursuivre et que nous poursuivrons tout d'abord.

Pour nous renfermer dans notre sujet, s'il était vrai
qu'aucune veuve ou fille majeure ne désirât voter, on ris-
querait moins encore à les relever de leur interdiction, et
si quelques-unes réclament le vote, il y a injustice à le leur
refuser. Aux dernières élections régulières de Paris, moitié
des électeurs à peine étaient inscrits et un tiers seulement
d'entre eux votèrent. Faut-il pour cela conclure à la radia
tion de tous les électeurs ? N'oublions pas que le droit de
suffrage, qui est une arme, est par là même une force la-
tente et virtuelle, lors même qu'on n'en ferait aucun
usage, et rappelons encore que nous ne revendiquons pas

le vote, mais l'inscription; non l'inscription, mais le droit
d'inscription; non le droit d'inscription, mais le droit
d'abstention, qui suffira seul pour nous radier de la liste
d'interdiction où nous figurons avec les mineurs, les fous
et les criminels.

LE VOTE DES FEMMES EN ANGLETERRE [1]

DISCOURS DE Mlle HÉLÈNE TAYLOR

On trouve très-peu de personnes qui contestent que les
femmes, ou du moins une grande partie d'entre elles,
aient quelques motifs raisonnables de plaintes. Mais pendant que l'opinion générale accorde que la condition des
femmes n'est pas ce qu'elle devrait être, si nous venons à
quelques exemples particuliers, nous trouvons une grande
diversité d'opinions discordantes, et c'est là que le bât
blesse. Quelques-uns pensent que si toutes les femmes mariées pouvaient avoir la direction entière de leurs biens personnels (quand elles en ont), les femmes en général auraient
peu de chose à désirer. D'autres croient que, quand même
une femme aurait la propriété de ses biens et de son salaire, elle pourrait faire quelques objections contre les
coups de pied d'un mari qui la frappe du talon cloué de sa
botte ou du pied de la table jusqu'à ce qu'il se casse sur
sa tête, ou contre ces petites aménités de la vie domestique
qui se passent chaque jour et à chaque heure d'un bout
à l'autre du pays. Quelques-uns croient qu'il est mesquin

---

[1] Rapport d'un meeting tenu à Londres par la société nationale pour le
suffrage des femmes.

et peu généreux de la part des hommes de reculer devant
une compétition franche et ouverte avec la femme dans
les professions, et de prendre avantage de leur privilége
politique pour fermer la porte de toute profession lucra-
tive à la face de jeunes femmes qui ont besoin de gagner
leur vie. D'autres appliqueraient un jugement aussi sévère à la manière dont les fonds d'éducation et de bienfaisance qui autrefois étaient destinés aux hommes et aux
femmes, aux garçons et aux filles, ont été accaparés pour
le seul bien du sexe le plus faible, non, je me trompe, du
sexe le plus fort. Je ne sais quel est celui de ces griefs
qui vous semble exiger la plus urgente réforme. Pour
mon compte, quand j'y réfléchis, quand je considère
quelle est la réforme dont nous avons le besoin le plus
immédiat pour remédier de la manière la plus pratique à
des maux criants, il me semble qu'elles nous sont toutes
nécessaires. Et il nous faut quelque chose de plus. Il nous
faut quelque chose qui prévienne des abus récents comme
ceux qui nous ont privées de notre part équitable dans
l'éducation publique ; quelque chose qui puisse prévenir
ces lois nouvelles qui nous interdisent de concourir pour
les professions salariées ; quelque chose qui puisse rappeler aux hommes que nous sommes auprès d'eux dans les
affaires de la vie avec les besoins et les désirs qu'ils ont
eux-mêmes ; que nous sommes des êtres humains comme
eux, et que nous désirons comme eux liberté et bonheur.
Comment peut-on en réalité appeler les femmes compagnes de l'homme puisqu'elles ne sont les compagnes que
d'une partie de sa vie, et qu'elles restent exclues de la portion la plus étendue des affaires pratiques ? Certaines personnes, il est vrai, prétendent que les femmes sont trop
aimables et trop pures pour être mêlées aux réalités vulgaires de la politique, et que les hommes les respectent
infiniment plus quand elles se tiennent éloignées de la
rude prose de la vie et qu'elles respirent dans une atmosphère de poésie. C'est en réalité un idéal très-fantastique
de la vie des femmes. La vie humaine doit avoir sa rude
prose, dans quelque voie que nous nous dirigions ; comme
si les détails vulgaires de la vie domestique, avec son éco-

nomie étroite, de débats d'intérêts et les réalités prosaïques de l'éducation des enfants ; comme si la société avec
ses rivalités, ses vanités, et toutes les jalousies entre femmes, n'occasionnaient pas des émotions aussi vulgaires et
prosaïques, chez celles qui y cèdent, que les émotions
politiques peuvent le faire, et ne demandaient pas aux
femmes d'un esprit franc et élevé autant d'empire sur
elles-mêmes, de conscience et de sincérité d'intention
pour maintenir intacte leur noblesse personnelle d'esprit
et de cœur ! Mais ce que ces petites tracasseries et ces ex-
périences restreintes ne peuvent jamais faire, c'est d'élar-
gir l'esprit et de donner de l'étendue et de la solidité à
toute la nature. Les femmes ont peu de calme dans le jugement, car elles ont à peine quelque notion de la loi ou
de l'administration de la justice. Elles ont peu de sympa-
thies étendues, parce qu'on leur a dit de borner leurs intérêts à leurs propres maisons ; elles ont le jugement peu
juste, parce qu'elles connaissent rarement plus d'un côté
d'une question ; ainsi l'on peut donner la liste de leurs défauts et des causes de ces défauts.

Il n'est pas possible non plus, de quelque manière res-
pectueuse qu'on nomme l'incapacité politique des femmes,
que cette incapacité ait d'autres résultats que de les faire
regarder avec moins de respect. Avec qui partageons-
nous cette incapacité ? Avec les criminels, avec les
idiots, avec les fous et enfin avec les mineurs, c'est-à-dire
avec les jeunes gens dont l'esprit n'est pas encore arrivé à
sa maturité. Si quelques hommes d'une tournure d'esprit
réfléchie ou sentimentale nous disent, dans le langage
le plus modéré et le plus bienveillant, que c'est la supériorité réelle des femmes qui les exclut du suffrage ; que c'est
leur noblesse et leur pureté qui les rendent impropres aux
affaires publiques, le grand nombre ne pensera pas ainsi.
Les frères, les fils, les patrons, les domestiques, les associés dans le commerce ou l'industrie, doués de ce gros
bon sens qui appartient aux esprits ordinaires, sentiront
toujours que si les femmes sont classées pour les intérêts
politiques en compagnie des enfants, des criminels et des
aliénés, ce doit être parce qu'il y a quelque ressemblance

entre eux, et ils les respecteront en conséquence. De plus, si comme ces hommes bons et réfléchis l'affirment, les femmes sont réellement meilleures et plus nobles, et plus pures et plus idéales que les hommes, avons-nous assez de ces qualités en politique pour nous permettre de les mettre au rebut avec mépris? La bienfaisance, la générosité, la sincérité d'esprit et la pureté du cœur, sont-elles si nuisibles dans la vie politique pour que nous soyons contraints de les rejeter par crainte d'en avoir surabondance? Est-ce que cette accumulation de misères, de corruption et d'ignorance qui s'ulcère, de siècle en siècle, dans les bas-fonds de la société, ne vient pas précisément de l'indifférence, de la dureté, de l'égoïsme des hommes? Les horreurs de la guerre, par exemple, le déréglement de la société, l'étendard universel d'intérêt personnel en toutes choses, tout cela, nous devons en convenir, est excellemment masculin. Une petite infusion de générosité féminine dans ces choses n'y nuirait pas, et pourrait mitiger un peu de cette action et de cette réaction incessantes, de cette perpétuelle oscillation entre les extrêmes comme le despotisme et l'anarchie, la licence et l'absolutisme, qui est si marquée dans l'histoire ; qui montre d'une manière si évidente le manque d'équilibre dans notre système social, et qui est le résultat exact de ce que nous pouvons naturellement attendre de l'exclusion d'une moitié du genre humain de toute action directe sur les affaires publiques. On ne revendique pas non plus le suffrage des femmes seulement à cause de son influence sur la société tout entière, ou de ses effets sur le caractère des femmes. On le revendique aussi pour mettre celles-ci à même d'insister sur l'exécution de ces réformes que tout le monde regarde comme désirables, mais qui sont toujours mises de côté parce qu'on fait des choses plus pressantes sur la demande des commettants.

Lorsque, il y a trois ans, on proposa pour la première fois à la Chambre des communes d'admettre les femmes aux franchises, plusieurs membres, qui désavouaient toute sympathie avec une idée semblable, exprimèrent toutefois l'indignation la plus vive au sujet des injustices par-

ticulières qui frappent les femmes. Fort bien, mais qu'ont
fait ces chevaleresques *gentlemen?* où sont les torts qu'ils
ont redressés? On aurait pu supposer que quand leurs
yeux seraient une fois ouverts sur les injustices dont souf-
frent des femmes délaissées ils ne perdraient pas un instant pour y mettre un terme. Tout le monde reconnait,
par exemple, que le mari anglais dans la classe du peuple,
passe pour maltraiter brutalement sa femme. Un seul de
ces membres qui pensent que les femmes ne doivent pas
être armées du vote, mais que le législateur doit particulièrement les protéger, un seul de ces législateurs, dis-je,
a-t-il présenté un bill pour fustiger les hommes qui mal-
traitent les femmes? Nullement. Il est en vérité remarquable qu'aucun bill en faveur des femmes n'ait été
présenté, si ce n'est pas les hommes qui ont voté pour
leur donner le suffrage. En effet, tous les hommes peuvent
parler; mais quand ils viennent à l'action, rarement un
seul se tourmentera pour venir en aide à des femmes qui
ne sont pas heureuses de le seconder de tous leurs efforts.

Mais je m'imagine entendre quelques *ladies* dire :
« Après tout, ne sommes-nous pas protégées? Pourrions-
nous en rien mieux nous protéger nous-mêmes que nous le
sommes? Pourrions-nous, par nos efforts personnels non
secondés, obtenir moitié du confort et du luxe dont nous
jouissons maintenant, grâce à l'amabilité et à la générosité des hommes? C'est nous qui sommes traitées en supérieures; c'est nous surtout qui sommes accablées par
les honneurs et les priviléges sociaux. Aux femmes on
donne partout la meilleure et la première place ; tout
ce qui est pénible doit être fait par l'homme; s'il n'y
a pas assez de place pour tous, les garçons sont tenus à
marcher pour que les filles prennent place dans la voi-
ture. » Très-bien, mesdames, et quelle leçon devons-
nous tirer de là? C'est que des hommes bons, que nous
respectons tous, sont sous ce rapport à la fois justes et
généreux. Ils ont honte de prendre avantage de la faiblesse des autres ou de leur propre force; ils ne veulent
pas recueillir ce qu'ils n'ont pas moissonné; ils aiment
mieux donner que prendre et se font à la fois un de-

voir et un plaisir d'offrir aux faibles une compensation
des désavantages de la nature et de la fortune. En vérité,
il y a là une leçon pour les femmes qui sont heureuses
dans la vie, dont l'influence est puissante dans leurs propres maisons ou dans la société. La protection, les encou-
ragements bienveillants et généreux que nos pères et nos
frères nous donnent, nous sommes tenues de les rendre
aux femmes pauvres, faibles et sans appui. Il nous suffit
de savoir que le suffrage est une puissance (toute histoire
et toute politique le démontrent), pour avoir l'obligation de
le désirer et de nous en servir par amour des faibles, soit
que nous désirions par ce moyen conquérir quelque chose
ou non pour nous-mêmes. Un pouvoir légitime est un
dépôt sacré aux yeux d'un homme ou d'une femme honnête; dire : « Je n'en ai pas besoin, » c'est agir comme le
serviteur de la parabole enfouissant le talent que son indolence l'empêchait de mettre à profit. Il peut être très-
vrai qu'une femme respectée et aimée par tout son en-
tourage a un pouvoir qui surpasse beaucoup celui du
vote.

Mais la même chose est vraie des hommes de bien dans
une position élevée; voudrions-nous donc, pour ce motif,
les priver du droit électoral? Il est vrai pour les femmes,
comme pour les hommes, que la politique réclame le suffrage de la masse du peuple, plutôt que celui d'un génie
exceptionnel, qui peut toujours faire sentir son influence.
La société a besoin que cette foule, au moyen du suffrage,
puisse lui faire connaître ses souffrances et ses besoins,
dont des femmes influentes ont le devoir de s'occuper avec
ardeur.

Une dernière considération. Qui peut avoir notre sympathie pour les souffrances et pour la dégradation des
femmes? Les plus nobles et les plus généreux d'entre les
hommes ne peuvent ressentir ce que ressent une femme
devant la misère d'une femme maltraitée, les horreurs de
sa dépravation la plus profonde, les angoisses d'une mère
privée de ses enfants, le délaissement d'une pauvre fille
isolée dans l'état social où nous vivons. Notre sympathie
pour ces misères doit être plus grande que celle des

hommes les plus excellents. C'est pourquoi nous avons le
devoir de revendiquer le suffrage pour qu'il puisse nous
aider à contraindre les hommes d'Etat et les législateurs
d'accourir promptement au secours des plus faibles et des
plus abandonnées du genre humain.

N° 7

L'ÉMANCIPATION

DE LA FEMME

EN DIX LIVRAISONS

Par Mlle J.-V. DAUBIÉ.

20 centimes la livraison

PARIS

ERNEST THORIN, ÉDITEUR

7, RUE DE MÉDICIS, 7

1871

L'ÉMANCIPATION DE LA FEMME

SEPTIÈME LIVRAISON.

CARRIÈRES PROFESSIONNELLES POUR LES FEMMES.

Sans réclamer le droit au travail, il faut faire observer que l'état actuel de notre civilisation laisse privées de tout appui une foule d'orphelines de mères et de pères vivants ou morts, envers lesquelles la société a les devoirs les plus étroits, et dont il est urgent de s'occuper dans l'intérêt de la justice et des mœurs. Un grand nombre trouveraient instruction professionnelle et métier dans la confection des habillements et des vêtements pour l'armée. Au lieu d'enrichir scandaleusement de gros fournisseurs, on pourrait créer des ateliers d'apprentissage et de confection, qui livreraient directement l'ouvrage aux ouvrières, et étudier dans ce but certains établissements d'orphelines qui, en Italie, s'acquittent très-bien de ces travaux.

Quant aux métiers qui réclament une intelligence plus cultivée, des femmes de dévouement et de cœur ont, par la création des écoles professionnelles de Paris, montré toute la puissance de l'initiative individuelle pour l'instruction de la jeune fille. Mais cette œuvre louable si elle n'était secondée resterait une protestation énergique contre les pouvoirs établis dont elle attesterait l'injustice.

En effet, dès qu'en dehors de l'enseignement libre
existe un enseignement subventionné par les villes, les départements et le budget, les contribuables, femmes ou
hommes, y ont des droits égaux, puisque les filles les
plus indigentes subventionnent, par l'impôt indirect et
par l'octroi, ces écoles secondaires et supérieures ouvertes aux garçons riches seulement.

D'ailleurs, quand on parle de l'enseignement libre et
laïc, on oublie peut-être trop qu'il est impossible de le
généraliser et même, pour la plupart du temps, de le réaliser chez nous dans l'état de choses actuel. Les subventions budgétaires, départementales et communales, affectées à l'instruction secondaire et supérieure des garçons,
forment un monopole écrasant contre lequel les congrégations religieuses sont seules à même de lutter. Ces
deux forces rivales se réunissant contre nos écoles libres
les neutralisent et les broient avec une puissance égale à
celle de l'étau où l'ouvrier dompte la matière qu'il veut asservir. Des écoles professionnelles sur le modèle de celles
de Paris ne pourraient donc réussir que dans quelques
villes populeuses où les élèves affluent et où les ressources
abondent. N'est-il pas plus simple de reconnaître que l'intérêt social et le droit individuel nous contraignent d'accorder la même initiative à tous et de laisser ensuite la
nature et la concurrence, c'est-à-dire l'émulation, classer
chacun d'après ses aptitudes dans l'école comme dans la
vie. Pourquoi les nombreuses écoles professionnelles de
nos villes seraient-elles plus longtemps fermées aux femmes? Il est évident que si on les leur ouvrait, des talents,
aujourd'hui inconnus d'eux-mêmes, naîtraient, se déve-
lopperaient et fourniraient des candidats aux carrières
libérales. Nos facultés de lettres seules créeraient certainement le contingent de professeurs qui manquent à
l'enseignement secondaire et supérieur des femmes, monopolisé aussi jusqu'à présent au profit des professeurs
hommes. Pour que cet enseignement libre se trouve
dans des conditions semblables à celui des garçons, il faut
donc qu'il y ait au préalable, en faveur des filles, un partage des bourses, du matériel et du personnel de nos cent

lycées nationaux, de nos deux cent soixante collèges communaux et de nos écoles professionnelles et normales à tous les degrés qui reçoivent des subventions sur les deniers publics. Et même, après cet acte d'équité sociale, l'enseignement des filles trouverait dans l'enseignement congréganiste, jusqu'ici seul dominant, une concurrence plus redoutable que l'enseignement des garçons, les congrégations de femmes étant beaucoup plus nombreuses que celles d'hommes.

Le droit conquis naguère par les femmes de prendre des inscriptions en Sorbonne leur ouvre aussi aux cours un accès dont les simples auditrices doivent profiter comme les auditeurs. La faculté de théologie même ne nous exclura plus, il faut l'espérer, de ses cours de morale évangélique quand la société pratiquera les enseignements du Christ et se rappellera ses traditions. Maintes écoles supérieures, comme celles des Ponts et chaussées et des Mines, peuvent vulgariser de saines notions sur les sciences naturelles et l'économie politique. Nos écoles des chartres peuvent préparer à la France les femmes archivistes qu'elles donnent aux Etats-Unis ; les écoles de droit nous ouvriront surtout l'accès à ces carrières qui, relevant de l'initiative individuelle, doivent être tout d'abord laissées aux lois de la liberté et de la concurrence. Nos diverses écoles d'art abjureront aussi leur monopole ; l'école des beaux-arts de Paris, qui enseigne à un si éminent degré l'imitation des maîtres et la composition, ne limitera pas plus longtemps aux jeunes hommes ses bourses départementales et rougira bientôt, il faut l'espérer, de n'ouvrir ses portes aux jeunes filles qu'à titre de *modèles*, etc [1].

Lorsque le droit commun nous sera acquis pour toutes les études libérales, la femme trouvera surtout un vaste champ d'activité dans l'exercice de la médecine ; mais ici il faudrait débuter par l'instruction professionnelle des

[1] Miss Putnam, qui vient de soutenir avec un succès si exceptionnel sa thèse de doctorat, à la Faculté de médecine de Paris, est une boursière de la ville de New-York ; ce fait se recommande à l'émulation de nos villes.

gardes-malades, qui n'ont d'ordinaire ni le développement moral ni les connaissances pratiques qu'exige cet emploi ; viendrait ensuite l'instruction des sages-femmes encouragées par une puissante initiative à des études qui leur permettraient de se rendre aptes à l'inspection des crèches, des enfants trouvés et assistés, des salles d'asile, au service des vaccinations gratuites, de l'assistance sanitaire dans la plupart des communes rurales, etc. Le diplôme autrefois exigé de l'officier de santé serait un titre de capacité suffisant pour l'exercice de ces fonctions, quoiqu'il faille encourager la femme qui désirerait prendre un grade plus élevé ; puisque la compétition à des emplois sociaux identiques exige des études et des examens communs.

Cette égalité devant le devoir, qui est le fondement du droit social, sera un résultat de la décentralisation ; l'admission à certains examens et aux concours qui en résultent, les conditions différentes imposées aux hommes et aux femmes qui les subissent, dépendent du bon plaisir de la centralisation administrative pour une foule d'emplois dans l'enseignement secondaire et supérieur, les postes, les télégraphes, les monts-de-piété, les hospices, les prisons, les manufactures, ateliers et imprimeries de l'État, etc. Ainsi les femmes se trouvent repoussées ou retenues systématiquement dans l'infériorité par les principes d'arbitraire et d'absolutisme exposés plus haut.

Il est vraiment triste de voir que nous croyions faire de la décentralisation en nous attachant exclusivement aux *choses*, sans paraître songer à cette décentralisation intellectuelle et morale des individus qui peut seule développer chez nous une émulation salutaire et fonder une liberté durable.

Alors seulement seront brisées les entraves qui asservissent les filles pauvres ; mais ces réformes supposent aussi, indépendamment de la gratuité demandée dans toutes les branches d'instruction professionnelle, une harmonie complète de principes entre l'éducation des adolescents et des adolescentes. Question capitale qu'il faut

examiner à propos de l'enseignement mixte et de l'externat qui en est d'ordinaire la conséquence.

ENSEIGNEMENT MIXTE ET EXTERNATS.

Si le préjugé qui déclare les femmes impropres à certains emplois est très-préjudiciable à l'ordre social les
systèmes préconçus sur l'enseignement mixte lui sont
aussi nuisibles. Cette question étant une des plus contro-
versées, il faut, par l'examen des faits, nous convaincre
que l'enseignement mixte, souvent indispensable au
point de vue économique, constitue un progrès intellectuel et moral ; qu'en conséquence l'Etat centralisateur, au
lieu de promulguer à ce sujet des lois prohibitives, doit
respecter la liberté qui ouvrira des écoles spéciales ou
mixtes en raison des besoins locaux et des convenances
individuelles. On ne saurait trop attirer l'attention publique sur ce point peut-être le plus essentiel de décentralisation administrative.

Tout d'abord pour l'enseignement, comme pour toutes
les autres branches d'activité, un des principes les plus
élémentaires est de chercher à produire beaucoup avec le
moins de frais possible. Les individus et les peuples qui,
par un bon emploi de l'argent et du temps, généralisent
cette économie dans la dépense, arrivent à un très-haut
développement de prospérité privée et publique. Or si de ce
point de vue nous considérons en France l'enseignement
à tous ses degrés, nous y trouvons d'un côté une abon-
dance, un gaspillage énorme de ressources, de l'autre une
disette, une pénurie déplorables. Qu'on en juge, pour
l'enseignement primaire seulement, par les paroles mêmes d'un de nos ministres de l'instruction publique.
M. Duruy s'exprimait ainsi en 1865 : « Le pays dépense

« actuellement pour les écoles primaires plus de 58 mil-
« lions et les services de 77,000 personnes (plus 28,000
« agents gratuits) pour produire ce faible résultat de 60
« enfants sur 100 sortant chaque année des écoles publi-
« ques avec l'esprit ouvert et fécondé. »

On ne peut fournir un témoignage plus accablant contre l'état de choses actuel qu'il faut chercher à améliorer
par tous les moyens possibles.

Si nous avons demandé que, dans des communes populeuses, on ne surcharge pas l'instituteur primaire d'un
trop grand nombre d'élèves, il faut réclamer ici qu'on lui
en laisse assez pour occuper son temps d'une manière
suffisante. Il faut se rappeler à cette occasion que, d'a-
près une statistique donnée cette année à la Chambre, sur
nos 36,000 communes, 433 n'ont pas 75 habitants; 7,000
en recensent moins de deux, trois et quatre cents.
Quelques centaines de ces communes ne possèdent aucune école ; dans les autres, vingt à trente élèves fréquentent la classe quelques heures chaque jour, pendant les
mois d'hiver seulement; là, il ne peut être question d'enseignement spécial, puisqu'un seul maître est à peine occupé en y instruisant garçons et filles.

Quant aux communes de 500 âmes, d'où une loi
récente vient de repousser l'enseignement mixte, nous
sommes loin certes de favoriser le progrès en imposant
deux écoles et deux maîtres lorsqu'un seul suffirait.
Même dans les villes où l'on peut ouvrir de nombreux
cours spéciaux, il est fâcheux pour les adultes que nos
prohibitions législatives éloignent de l'école ces nouveaux
mariés qui voudraient aller acquérir ensemble quelques
notions intellectuelles pendant les longues soirées d'hiver.

Dans les campagnes une meilleure organisation permettra de réaliser sur le personnel et le matériel des économies qui laisseront aux pauvres l'accès gratuit de l'é-
cole, permettront d'améliorer la situation des instituteurs, de mieux approprier les locaux et d'enrichir les
classes de bibliothèques et de collections scientifiques.

L'institutrice munie du diplôme des asiles et de celui
de l'instruction primaire est seule à même de permettre

d'atteindre ce but dans les 10,000 communes avec une
seule école où la loi se voit obligée d'adjoindre aux maîtres des directrices d'ouvroirs.

Les considérations précédentes deviennent bien plus
importantes encore si on les applique à l'instruction secondaire ; des richesses énormes sont affectées dans les
bourgs, les petites villes, à des colléges communaux, à
des écoles professionnelles qui ont un nombre insuffisant
et quelquefois dérisoire d'élèves pendant que des jeunes
filles sans aucun moyen de s'instruire contemplent ces
maîtres inoccupés, ces locaux vides, ces bibliothèques,
ces collections intangibles. D'un autre côté, il est reconnu
que le nombre des écoles professionnelles est insuffisant
pour les garçons comme pour les filles ; si nous multi-
plions les écoles spéciales sans mieux les utiliser que la
plupart de celles qui existent, nous serons loin de réaliser
l'idéal qu'il faut poursuivre sans relâche : la plus grande
diffusion de l'enseignement avec le moins de frais possible.

Pour l'enseignement supérieur, les mêmes inégalités
sont sensibles dans les grands centres de population.
Quoi qu'on fasse, nos diverses facultés ne pourront jamais être à la portée de tous et de toutes si l'on spécialise
systématiquement l'instruction. Nos cabinets de physique, nos laboratoires de chimie, nos bibliothèques,
nos collections littéraires, scientifiques et artistiques sont
des richesses trop précieuses et trop rares pour que nous
ne les utilisions pas mieux ; les hommes éminents qui
dispensent l'enseignement des facultés ne sont pas assez
communs non plus pour que nous fassions de leur parole le monopole d'un sexe ; la France enfin n'a pas trop de
lumière pour la tenir ainsi d'une main avare sous le bois-
seau. Supposons même que nous ayons assez d'argent à
gaspiller pour ouvrir aux jeunes filles un nombre suffisant d'écoles secondaires et supérieures, tel jeune homme
pauvre de la localité où serait située cette école serait encore privé d'instruction parce qu'il ne pourrait aller
chercher au loin à grands frais l'école spéciale des garçons, et réciproquement la jeune fille pour n'avoir pu sui-

vre les cours de la faculté ouverte aux jeunes gens dans sa commune ne trouverait pas moyen de s'instruire. C'est une des causes qui expliquent la supériorité intellectuelle des peuples qui admettent l'enseignement mixte à tous les degrés sur ceux qui le repoussent.

Cette égalité civile dans les moyens d'instruction est du reste, comme nous l'avons fait remarquer, un droit particulier pour la femme, contribuable et administrée au même titre que l'homme; pour la fille pauvre surtout, qui alimente par l'octroi et les contributions indirectes ces écoles d'où on la repousse, et qui, faute d'initiative sociale pour l'apprentissage d'un métier, tombe souvent dans la dégradation la plus abjecte.

Au point de vue intellectuel, l'enseignement mixte nous paraît également constituer un progrès essentiel et nécessaire; lorsque l'instruction est spécialisée d'après un système arbitraire de centralisation administrative, les locaux, trop nombreux pour les besoins de l'ensemble de la population scolaire, sont mal pourvus du matériel nécessaire aux explications des maîtres; ceux-ci trop nombreux sont souvent mal rétribués et, par conséquent, mal recrutés; une disproportion affligeante s'établit alors entre le développement des garçons et celui des filles, surtout lorsque celles-ci sont livrées à des institutrices sans diplômes qui répandent dans toute la commune la contagion de leur ignorance et de leurs préjugés. S'il en est ainsi pour l'enseignement primaire, que dire de l'enseignement secondaire et supérieur qui n'existent point pour la femme? On ne saurait calculer les conséquences funestes de ce manque d'harmonie dans les intelligences.

L'interdiction pour la femme de puiser l'instruction aux mêmes sources que l'homme est en outre une négation de nos théories d'égalité civile qui établit un antagonisme déplorable entre nos principes et nos mœurs. En dehors de tout système préconçu sur les aptitudes propres à chaque sexe, et sur leur destination sociale, il faut songer qu'il en est pour eux de la nourriture intellectuelle comme de la nourriture corporelle; chacun se l'assimile selon sa nature et ses besoins sans qu'hommes

et femmes perdent leurs aptitudes ou leurs qualités natives pour avoir partagé les mêmes mets à la même table.

L'harmonie du foyer, l'influence de la mère sur les enfants exigent en outre que l'époux et l'épouse reçoivent
un développement intellectuel et moral identique ; et,
pour les carrières professionnelles, où l'on est admis
après examens et concours, la fréquentation des mêmes
écoles est indispensable. Dans des emplois comme ceux
de la médecine surtout, une infériorité de connaissances
pour la praticienne serait très-préjudiciable à tous. L'externat et les cours spéciaux dans les mêmes écoles permettent aussi de concilier les exigences professionnelles
avec les aptitudes de chacun et, ainsi que le prouve l'expérience des États-Unis surtout, l'enseignement mixte
donne une émulation qui élève le niveau des études [1].

OBJECTIONS

Les femmes ne voteront pas, nous a-t-on dit hier ; les
femmes voteront trop, nous dit-on aujourd'hui, car c'est
ainsi qu'il faut traduire les terreurs que nous rencontrons
à ce sujet, soit chez les ultra-réactionnaires, soit chez les
ultra-libéraux.

Les premiers invoquent contre nous une loi naturelle et
religieuse qui consacre à jamais notre incapacité native à
distinguer le blanc du noir ; comme ils sont incorrigibles,
je ne leur rappellerai même pas que les Anglais et les
Américains ont tiré leurs arguments les plus convain-
cants en faveur de la femme de la loi naturelle et religieuse ; que selon ces peuples il y a harmonie aussi né-

[1] Voir le remarquable rapport de M. Hippeau sur l'instruction aux
États-Unis.

cessaire entre les idées et les sentiments de l'homme et
de la femme qu'entre leurs organes; que les dix com-
mandements de Dieu ne font nulle acception des sexes;
que le Christ a apporté à tous le même code; qu'il doit en
être de même parmi les peuples libres, afin que la nouvelle Jérusalem descende du ciel pour habiter la terre, etc.

Certains absolutistes intraitables, qui prétendent nous
régénérer par le fer et le feu, affirment aussi que l'âge
d'or allait apparaître sans nos prétentions intempestives :

Jam nova progenies cœlo demittitur alto.

Eh quoi! s'écrient-ils, quand tout est en question, au
moment où il faut fonder le gouvernement et les lois sur
la justice, vous venez écraser le progrès sous l'avalanche
de vos superstitions et de vos préjugés.

La preuve, répondrai-je, que le suffrage universelle-
ment masculin, quelques réformes qu'on y apporte, est
impuissant à fonder le droit et le devoir social, c'est qu'il
a accru, sans contredit, dans ces vingt dernières années
l'antagonisme qui existait entre l'éducation de l'homme
et de la femme, et n'a songé à émanciper celle-ci par aucune loi rationnelle; c'est qu'il n'a su sanctionner ni
même affirmer un seul principe nécessaire dans l'ordre
moral et économique, ni, par conséquent, dans l'ordre politique. En raisonnant à la manière de mes antagonistes,
je pourrais conclure ainsi à l'interdiction du suffrage
masculin, et encore mes arguments seraient-ils mieux
fondés que les leurs, puisqu'ils n'ont que des préjugés à
opposer à des faits.

Mais enfin considérons cet âge d'or qu'on prépare sans
nous et malgré nous; il est évident pour tous que la régénération de la France dépend de sa réforme morale;
que cette réforme morale dépend de l'émancipation de la
femme; que l'émancipation de la femme dépend de la
responsabilité de l'homme; que la responsabilité de
l'homme dépend de l'abrogation des lois et des institutions qui favorisent les désordres de sa vie privée. Or,
demandez aux vrais réformateurs s'ils croient que le

suffrage universel soit organisé de manière à préparer l'opinion à ces réformes urgentes; pour moi, je crois que le vote des femmes peut seul y contribuer, parce qu'il contre-balancera un droit par un droit, et que dans mainte occasion le droit de la femme étant le devoir de l'homme l'harmonie sociale résultera de cette pondération du droit et du devoir. Le suffrage des femmes ne dût-il rien changer à l'état des choses, la question de leur droit n'en resterait pas moins intacte.

Mais, objecte-t-on encore, le vote des femmes, loin d'être bon ou indifférent, peut être très-mauvais au moment où pour promulguer des lois nécessaires il nous faut avant tout un gouvernement libéral; or si la femme le rend impossible par son vote, elle nous rejette peut-être à tout jamais dans l'ornière.

Rien de cela, répondrai-je, n'est à craindre, vu la manière dont je pose la question du suffrage; son application limitée ne mettra qu'un petit nombre de femmes en possession d'un droit dont peu profiteront actuellement; ce sera ensuite l'affaire d'une loi de prévenir les inconvénients d'une innovation dont rien ne peut suppléer les avantages.

Mais si, par impossible, on me prouvait que le vote de la femme empêchera un gouvernement libéral de s'établir, je n'en aurais nul regret en songeant que cette action franche et ouverte nous a épargné les convulsions, les deuils et les larmes d'une guerre civile. En effet, cet eldorado créé aujourd'hui contre la volonté de la femme qui ne vote pas, qui est trop ignorante pour voter, sera nécessairement, fatalement détruit demain par l'action sourde mais incessante qu'elle exercera sur l'éducation et les mœurs tant que la femme sera la mère et la compagne de l'homme. Les fils de la femme, qui raisonnent par elle, quand même ils raisonnent contre elle, devraient apprendre enfin que s'ils ne l'élèvent avec eux elle les entraînera dans son abaissement; ils devraient se redire surtout que si la religion devient chez eux une pierre d'achoppement, au lieu d'être un instrument de progrès, c'est parce qu'ils ne sont pas assez moraux pour élever le pré-

tre dans la société, dans et pour la famille; c'est que celui-ci a le devoir sacré de prémunir et de protéger la
femme contre leurs mœurs et leurs principes destructifs.

Plaignons ces pauvres logiciens qui mentent aux lois
les plus élémentaires de l'histoire et du sens commun en
supposant l'harmonie sociale possible dans une démocratie où l'homme serait trop supérieur à la femme pour dai-
gner l'associer à ses vues de progrès. S'ils veulent devenir aussi serviles, aussi corrompus et aussi savants que les
peuples asiatiques, qu'ils continuent à les prendre pour
modèles, nos Chinois en robe courte [1].

LE VOTE DES FEMMES EN ANGLETERRE [2].

DISCOURS DE L'HONORABLE AUBERON HERBERT, MEMBRE DU PARLEMENT.

Mesdames et Messieurs,

Je pense que vous serez d'accord avec moi lorsque je
dis que nous, hommes, après quelques-uns des discours
que vous avez entendus, nous devons veiller à nos lau-
riers, si nous ne voulons pas descendre au second rang.
Je pense que j'exprimerai le sentiment de la plupart des
hommes ici présents, en même temps que le mien, en affirmant qu'il me semble absolument impossible de repousser cette revendication du suffrage des femmes, lorsqu'elle a été sérieusement faite dans ce pays par un grand
nombre de femmes; lorsque je viens vous dire que nous
accueillons cette revendication, parce que nous la regar-

---

[1] Certaines personnes proposent sérieusement de rendre l'instruction
obligatoire pour les hommes seuls, soit par l'armée, soit par le suffrage
universel; c'est dire à quel point nous sommes Chinois et Japonnais.

[2] Rapport d'un meeting tenu à Londres par la Société nationale pour le
suffrage des femmes.

dons comme une preuve que la ligne de démarcation qui existait entre l'éducation et le développement intellectuel des hommes et des femmes va désormais cesser; que nous, hommes, devons inviter les femmes à devenir nos associées pour des sujets du plus haut intérêt intellectuel; pour des sujets dont nous faisons dériver ce qu'il y a de meilleur et de plus noble dans nos plaisirs et ce qui donne du prix à la vie.

On me dira, je le sais, que ce changement fera perdre quelque charme à nos foyers; mais je suis complétement d'accord avec les orateurs qui nient ce résultat.

D'abord je dois avouer que, bien qu'il soit possible de voir mille mariages heureux, j'ose toutefois affirmer qu'il est très-difficile en effet de trouver un mariage n'importe où dans ce pays, duquel on puisse dire sans hésitation que le mari et la femme sont complétement assortis l'un à l'autre. Ce qui me frappe toujours, c'est qu'un mari prend toutes ses plus grandes sources d'intérêt hors de sa maison; il y a une certaine ligne tirée sur le seuil de ce foyer, en dehors duquel est tout ce qui invite aux intérêts les plus élevés et les plus grands de sa nature intellec- tuelle; mais il me semble qu'il a l'habitude de réserver trop souvent à ce foyer la plus mauvaise, la plus vulgaire, et, j'ose même le dire, la plus maussade partie de sa na- ture. Je proteste contre cette division et je veux la prendre pour un moment au point de vue tout personnel qui suit: quel homme ici présent aujourd'hui n'a pas senti que l'influence de la femme a été très-grande sur sa vie? Quel homme ici ne sent pas que sa vie et son caractère, tels qu'ils sont, n'ont pas été extrêmement façonnés et formés par l'influence d'une femme? Y a-t-il ici un homme qui ne comprenne pas que ces influences auraient été plus puissantes pour le conduire au bien si les femmes avec lesquelles il a entretenu des relations avaient reçu la même éducation, le même développement intellectuel que peut-être il a reçu, et dans le fait étaient en plus grande sympathie intellectuelle avec lui? Je crois très- sincèrement, et je n'ai pas honte de l'avouer, que les hommes ne sont pas assez bons, que les hommes ne sont pas assez forts pour être capables d'agir, sans toutes les bonnes influences que les femmes peuvent exercer sur leur vie. Tous les deux ont besoin de secours mutuels, et il me semble que nous devons nous efforcer d'organiser la société de manière que les hommes et les femmes puissent réciproquement agir sur le caractère, sur les pensées et sur les sentiments l'un de l'autre, de manière que nous puissions nous unir constamment dans un commun effort pour atteindre un idéal meilleur et plus élevé.

Je ne considérerai plus qu'un des côtés de la question : la grande quantité d'efforts mal dirigés que je crois voir dans ce pays. Nulle part vous ne pouvez en trouver plus que dans la société. Qui ne s'aperçoit de l'énorme quantité de travail, de temps, de dépense, de peines, d'efforts qui se consument, qui s'épuisent entièrement dans la grande machine que nous appelons société? qui n'est pas sensible à cette considération que si nous pouvions un jour diriger ces grandes forces sociales dans une autre direction, s'il nous était donné d'appliquer ces qualités particulières des femmes, cette ardente puissance de devoir, ce dévouement, cette énergie à de plus nobles et de plus hauts objets que ceux que la société leur réserve, qui donc ici ne s'aperçoit que nous avancerions d'un pas bien plus résolu vers cet avenir où il ne sera pas possible de trouver la férocité et la barbarie existant au sein même de notre civilisation ; vers cet avenir où le luxe et l'agitation pour la recherche du plaisir ne restera pas plus longtemps en face de l'ignorance et de la pauvreté privées d'appui? Dirigeons ces grandes forces sociales vers ce qui est bon, et l'avenir, l'avenir heureux, vers lequel nous tournons nos yeux, sera, à mon avis, rapproché de nous d'une manière incommensurable.

Pour terminer, madame la présidente, je dirai simplement que je ne vois aucune séparation entre les sentiments des hommes et ceux des femmes; aucune brèche faite par la nature ; il n'existe que celle que nous avons creusée par notre perversité, et plus vite nous y jetterons un pont, plus cela sera bon et heureux pour nous tous.

L'ÉMANCIPATION

DE LA FEMME

EN DIX LIVRAISONS

Par Mlle J.-V DAUBIÉ.

---

20 centimes la livraison.

PARIS

ERNEST THORIN, ÉDITEUR

7, RUE DE MÉDICIS, 7

1871

L'ÉMANCIPATION DE LA FEMME

HUITIÈME LIVRAISON.

CARRIÈRES PROFESSIONNELLES POUR LES FEMMES.

Mais la question capitale, c'est celle de l'influence que l'enseignement mixte peut exercer sur la moralité du jeune homme et de la jeune fille, et, par conséquent, sur la moralité sociale. Beaucoup d'hommes qui considèrent ici les effets, sans remonter aux causes, partent de la corruption publique pour montrer les abus inévitables de la réunion des sexes; nous au contraire nous partons d'une régénération urgente pour arriver à établir l'harmonie intellectuelle et morale à laquelle contribueront l'enseignement mixte et l'externat.

En voyant les peuples qui ont horreur de l'enseignement mixte descendre la pente de la décadence tandis que ceux qui élèvent ensemble jeunes gens et jeunes filles sont d'ordinaire en progrès, on pourrait, ce semble, conclure que l'enseignement mixte est moralisateur; loin de faire une affirmation aussi positive, il faut songer que la réunion des garçons et des filles à l'école ne peut être que le résultat d'une civilisation fondée sur des principes rationnels de morale qui commandent également à tous. L'éducation, comme œuvre de persuasion, s'adresse aux facultés les plus nobles de notre être, mais en vain parlera-t-elle à la raison si la société méconnaît ses lois, si l'adolescent peut s'apercevoir que l'application des principes moraux n'étant point conforme à la théorie les adul-

tes foulent impunément aux pieds les devoirs les plus
fondamentaux de l'ordre public; si, par conséquent, le
jeune homme ne peut prendre dans le milieu où il vit
le sentiment de l'obligation morale que l'éducation seule
serait impuissante à lui donner. Ces considérations font
comprendre pourquoi les peuples moraux adoptent l'enseignement mixte; pourquoi les peuples corrompus le
repoussent, et pourquoi enfin il n'est plus actuellement
dans nos mœurs. On ne saurait pourtant nier qu'il ne
contribue à l'harmonie morale au même degré qu'à
l'harmonie intellectuelle; non seulement il permet aux
frères de fréquenter les écoles avec les sœurs, de prendre
des répétitions communes au foyer ; de s'aider mutuellement à résoudre les difficultés d'un texte, d'un problème,
d'une démonstration, mais il donne aux condisciples des
sentiments fraternels en enseignant au jeune homme à
respecter dans la jeune fille un être responsable et libre
comme lui; une compagne qu'il retrouvera plus tard
dans la vie comme mère ou institutrice de ses enfants
ou associée de ses vues de progrès individuel et social.

Mais ces avantages fussent-ils aussi douteux qu'ils sont
évidents, pourrait-on séquestrer l'homme et la femme?
Un coup d'œil d'ensemble sur les nécessités de la vie
nous montre leur séparation impossible. Si nous sortons
de ce monde chinois où la jeune fille arrive au port du
mariage mercenaire sans avoir eu d'autre horizon que
celui de la jupe maternelle, nous voyons une réunion
constante et inévitable des enfants, des adolescents et des
adultes des deux sexes; séparés à l'école, dans les campagnes ils cheminent ensemble à l'entrée et à la sortie
et se retrouvent dans les travaux, les jeux, les longues
veillées d'hiver sans aucune surveillance. Les travaux de
l'apprentissage, de la domesticité et de l'atelier laissent
également partout la fille du peuple à la merci des éventualités quotidiennes sous le toit de l'étranger.

N'eût-il pas été prévoyant et sage de la prémunir et
de la fortifier par la surveillance rigoureuse de l'enseignement mixte, et des mille leçons de morale pratique
dont les faits fournissent chaque jour l'application dans

les écoles de droits et de devoirs mutuels où l'on parle
le même langage aux deux sexes.

A ces points de vue divers, l'enseignement mixte nous
paraît une nécessité ; c'est lui surtout qui réalisera le
vœu de M. J. Simon sur la femme et *permettra aux filles
du peuple de s'élever à une position meilleure*, de leur ouvrir de nombreuses carrières ; ainsi *l'égalité* que le ministre réclame pour elles au nom *du bon sens, de la
justice et de l'intérêt public sera enfin fondée.*

Ces théories fort bonnes, nous dira-t-on, sont impraticables dans un pays où les mœurs les repoussent, et
des innovations téméraires n'auraient d'autre résultat que
de faire déserter les écoles publiques. Les mœurs, répondrai-je, sont avec nous pour l'enseignement supérieur,
puisque les femmes fréquentent en province nos facultés
de lettres et de sciences ; il en a été de même pour l'enseignement primaire jusqu'en 1850, où la loi de 1833 a été
appliquée au grand profit de l'instruction des femmes.
Quant à l'enseignement secondaire, où la communauté
d'études ne peut être que le résultat d'une lente transformation de la loi et des mœurs, on pourrait, dans les
localités trop peu importantes pour entretenir deux
écoles professionnelles, établir comme annexes des cours
spéciaux à l'usage du sexe qui n'a pas son école. Loin
d'innover ici il faut donc simplement revenir aux anciennes traditions de la France qui, même sous le premier
Empire, conserva l'enseignement mixte ; la loi de 1833,
abrogeant une ordonnance de 1816 qui l'avait proscrit,
le fit appliquer sur des bases si larges que même dans
les bourgs à écoles spéciales l'instituteur réunissait
garçons et filles, enfants et adultes, à l'école du soir. La
loi réactionnaire et injuste de 1850, qui nous régit encore
à ce sujet, interdit l'enseignement mixte et enleva aux
institutrices laïques ainsi qu'aux écoles de filles le principe d'égalité dont MM. Guizot et Cousin les avaient fait
jouir, en déclarant toutes les dispositions législatives in-
différemment applicables aux écoles de garçons et de
filles. La remise en vigueur de la loi de 1833 serait-elle
donc un trop grand effort de libéralisme à espérer du

pouvoir actuel ? S'il comprend enfin que l'enseignement
mixte, pas plus que l'enseignement spécial, ne doit être
imposé par voie autoritaire, les communes, encouragées
par les inspecteurs, l'organiseront avec mesure pour les
adultes surtout, à qui il est si nécessaire après les heures
de travail. Ces réunions seront, soyons-en sûrs, plus pro-
fitables à la France que celles qui nous attristent tous
les jours, lorsque nous voyons hommes et femmes s'abru-
tir à l'envi dans les cabarets et autres lieux plus suspects
encore.

Quoi que nous fassions, toutefois la réunion des jeunes
gens et des jeunes filles pour le développement de leurs
facultés intellectuelles et morales n'entrera généralement
dans nos mœurs qu'avec la responsabilité et la liberté :
considération qu'il faut développer en parlant de l'externat, complément de l'école mixte.

La loi et l'éducation doivent poursuivre le but commun de bien diriger la volonté de l'homme, l'une par la
coercition, l'autre par la persuasion ; mais lorsque la loi in-
fidèle à sa tâche ne développe que la licence et favorise toute
expansion de la nature sensuelle et quasi-bestiale, nous
voyons la jeunesse des deux sexes casernée dans des établissements où elle ne peut prendre aucune des qualités qui fon-
dent la prospérité nationale. Je n'entreprendrai pas de faire
ressortir les avantages économiques de l'externat, qui
permet aux frères et aux sœurs de prendre leur pension
sous le même toit et aux familles pauvres de limiter les
dépenses matérielles selon leurs moyens ; au point de vue
moral et intellectuel, l'externat opère le développement
harmonique des forces sociales, parce qu'il réunit, ainsi
que l'enseignement mixte, le principe de l'obéissance et
celui de l'initiative personnelle. Le dénûment absolu de
l'enfance la soumet à un assujettissement dont l'éducation se sert pour réprimer les instincts aveugles et capri-
cieux ; cet assujettissement doit donc diminuer à mesure
que la volonté se fortifiant est plus capable de gouverner,
de dominer et de vaincre les penchants. De la direction
salutaire de la volonté résultent des goûts, des sentiments
et des habitudes qui, se traduisant en actes et en esprit

de conduite, donnent cette décision et cette vigueur active qui créent la fermeté, l'énergie et la constance des
caractères. L'enseignement mixte et l'externat concou-
rent à réaliser cet idéal en laissant aux enfants une responsabilité qui naît de leur demi-liberté et en les mettant chaque jour aux prises avec les réalités de la vie;
ainsi tous prennent des habitudes physiques et morales
qui doivent influer sur leur existence entière; ainsi se
fonde l'harmonie qui unit dans les mêmes sacrifices la
chaîne ininterrompue des générations, en transmettant
aux enfants les vertus des pères.

La nécessité d'isoler et de séquestrer jeunes gens et
jeunes filles est évidente au contraire lorsque les idées
sur le juste et l'utile diffèrent selon le sexe et la profession; lorsque chacun n'éclaire pas son jugement par les
mêmes principes, parce que des institutions et des lois
licencieuses permettent aux adultes de violer impunément les devoirs nécessaires au bonheur individuel et
public qui résulte de l'ordre moral. Lorsque des lois et
des institutions pernicieuses, une éducation étroite, se
sont ainsi appliquées à enlever aux individus le soin de
leur vie, en les exonérant des conséquences fâcheuses de
leurs actes, on voit s'effacer progressivement les fonde-
ments des habitudes qui consistent à se respecter, à
compter sur soi, à avoir de l'empire sur soi; alors les
talents et les caractères s'affaiblissent avec le sentiment
de la liberté qui a sa racine dans l'idée du devoir social;
alors manque le but d'activité commune, et la société, sans
règles immuables et certaines sur le droit et le devoir,
sent que son influence est fatale pour la jeunesse. Mais
dès qu'elle la repousse ainsi de son sein, elle la déclare
par là même incapable de se diriger et la soumet par conséquent au joug de ce fatalisme moral, de cette nécessité
impérieuse qui gouverne la brute. Les lois fixes et certaines qui commandent aux individus sans exercer une
surveillance constante sur eux; la conscience règle infaillible de la liberté faisant défaut, sont alors remplacées
par une volonté arbitraire, par des caprices individuels,
qui, souvent mal éclairés, défendent les actions une à

une. Ainsi l'enfant, obéissant sans voir la raison des
choses, prend en horreur un assujettissement humiliant
qui est la négation de la conscience et de la liberté, et l'adulte, qui a perdu l'habitude de penser, ne conserve que
l'aversion pour l'autorité souvent aussi despotique qu'il
rencontre dans l'ordre social. Mais cette soumission
aveugle aux impulsions d'une volonté étrangère lui a
pour jamais énervé le caractère ; n'ayant pas eu à délibérer sur les inconvénients et les avantages des partis à
prendre, ne s'étant proposé aucun but poursuivi à ses
risques et périls, il reste un être passif quand son moteur
d'emprunt lui manque.

Qu'on regarde plutôt à l'œuvre notre jeunesse des deux
sexes qui gagne sa vie loin du foyer et du pays natal.
Hélas ! jetée dans une société d'où l'idée du devoir est
bannie, entourée de sollicitations et d'exemples mauvais,
cette jeunesse à peine échappée à la férule du pédagogue
se trouve aussi inconsistante que le liège sur l'eau. Elle
fait ce qu'elle voit faire, telle est sa règle de conduite ;
tout le monde en fait autant, tel est son cri naïf d'étonnement quand on lui rappelle les éternels principes du juste,
du vrai et du bien. Où en prendrait-elle du reste les notions ; d'où saurait-elle que des lois nécessaires veulent
que la paix sociale soit attachée à l'ordre, puisque nos
lois, nos institutions et nos mœurs ont jusqu'à présent
veillé sous toutes les formes à ce que chacun né pour soi
puisse se soustraire aux devoirs de patrie, de famille et
d'humanité même ? Si l'enseignement mixte et l'externat, reprend-on, donnent à la fois une discipline et une
indépendance désirables, se concilient-ils avec ces grâces,
ces prévenances, cette pureté, cette délicatesse de mœurs
que nous réclamons des femmes, et les principes donnés
aux jeunes gens dans l'enseignement secondaire et supérieur ne seraient-ils point nuisibles aux jeunes filles ?

D'abord quand on parle de la pureté et des grâces de la
femme, il faudrait s'entendre et savoir si l'on a en vue
celle qui travaille ou celle qui rougit du travail ; celle qui
décore son ignorance niaise du nom de vertu ou celle que
les nécessités de la vie sociale font élever par des hommes

sans vertu, dans un milieu qui n'est pas précisément aussi
moralisateur que celui de l'école mixte. Soyons-en sûrs
si nos antagonistes ont une seule idée sur ce sujet, ils ont
étudié les salons plus que les ateliers, les mansardes et les
rues; s'ils avaient parcouru les camps de Châlons et de
Saint-Maur, ces immenses bazars de chair humaine; s'ils
avaient vu cette licence et cette mollesse qui en 1870 donnèrent la nausée à l'univers entier et lui expliquèrent nos
défaites; s'ils se rendaient à la porte de nos closeries diverses pour en voir sortir au milieu de la nuit ces étudiants
et ces filles avinés qui hurlent ensemble des chansons ba-
chiques et obscènes; s'ils prenaient enfin pour l'âme humaine cette immense pitié qu'en eurent le christianisme et
le stoïcisme au milieu des orgies de l'empire romain, ils
ne craindraient plus ces hommes de voir la fille du peuple
autorisée à cultiver son intelligence comme l'étudiant
avec lequel elle n'a le droit de cultiver que ses sens.

C'est ce contact perpétuel des parties nobles des deux
moitiés de l'être humain qui inspirera au jeune homme le
respect de la femme, dont son éducation lui enseigne actuellement un mépris tel qu'il nous rend insociables, tandis que le commerce contenu et poli des sexes développe
l'urbanité par l'échange constant de vues, d'idées et de
sentiments moraux et intellectuels. On sait que les États-
Unis s'honorent en particulier des jeunes gens qui sortent
de l'*internat mixte* d'Oberlin.

La présence des jeunes filles, même aux repas, aux
promenades, aux récréations littéraires, aux conférences
du salon, sous une surveillance maternelle qui dicte les
convenances, impose une si grande retenue à ces adolescents qu'ils se privent même de fumer par égard pour
leurs compagnes d'études [1].

Mais il faut bien se le dire, ils ne prennent ce respect
de la femme dans l'éducation que parce qu'ils savent que
dans leurs relations sociales la loi et les mœurs le leur
imposeront, en leur disant que la raison doit vaincre la
passion; que la volonté est supérieure aux penchants et

---

[1] Voir le rapport de M. Hippeau.

qu'en conséquence ils seraient à jamais déshonorés s'ils songeaient à déshonorer une femme [1].

Quant aux principes puisés dans la société et l'enseignement, prenons y garde ; s'ils sont bons, il faut les inculquer indistinctement aux citoyens et aux citoyennes ; s'ils sont mauvais au contraire, il faut les regarder pour tous comme une source empoisonnée, puisque l'harmonie dans la famille et dans l'État, et, en conséquence, le salut de la France, sont à ce prix.

Dans l'éducation surtout de l'épouse et de la mère futures, des principes vrais, applicables sans distinction de profession et de sexe, offriront ces précieux résultats.

La réclusion et l'inaction de nos filles riches, leur éducation d'apparat, si dispendieuse et si vide d'idées; par suite leur futilité et leurs scandaleuses profusions; leur désir de paraître, cette grande préoccupation des esprits frivoles, sont peut-être aussi préjudiciables à la bonne économie sociale que la profonde corruption des filles pauvres. C'est de cet antagonisme qu'il faut sortir par un travail herculéen sur nous-mêmes. Quand nous aurons compris que la femme a une autre destinée que celle d'être annulée, abêtie et corrompue par la société; que l'éducation qui développe la raison est supérieure à celle qui l'enchaîne, nous saurons peut-être enfin qu'on donne plus de charme moral aux filles en leur enseignant des principes qu'en leur inculquant des préjugés.

Si nous accordons aux femmes de toutes les classes indépendance, dignité et honneur dans l'accomplissement de leurs obligations de famille et de société, elles ne chercheront plus à réussir par la coquetterie, le savoir-faire, la fourberie et le vice. Au lieu d'encourager partout les caprices de la passion mobile et inconsciente, développons enfin par le sentiment raisonné du devoir les affections profondes qui créent les âmes fortes et les caractérisent, et le cœur et la conscience dicteront à tous le tact et la délicatesse de conduite.

_____

[1] Les lois contre les séducteurs, excessives dans la Nouvelle-Angleterre, relèvent du Code pénal ; aussi les mœurs y déshonorent plus le séducteur que le voleur. On peut voir par là que la liberté est l'antipode de la licence.

OBJECTIONS

Le droit de suffrage doit être attaché au service militaire. Cette objection, fondée sur la maxime *la force prime le droit*, prouve peu d'esprit de patriotisme, car dans la défense du pays les femmes citoyennes surtout rivaliseront de zèle avec les hommes pour les sacrifices et les périls. L'argument est en outre prématuré, puisque nos lois militaires exemptent du service personnel; puisque notre armée n'est pas encore purifiée de la honte des troupes mercenaires, qui permet de faire de l'or la rançon du sang.

Ce n'est donc point le moment de prétendre que les qualités intellectuelles et morales requises pour un vote intelligent s'acquièrent par le maniement du fusil; de soutenir que les droits civiques, dont tous les citoyens ont besoin pour leur protection, dérivent de là! Mais alors tout homme invalide, exempté, ou au-dessus de quarante ans, ne doit pas voter; tout citoyen dépourvu de force physique doit être classé d'office parmi les mineurs, les fous et les criminels. Cette considération me fournirait des développements si M. J. Bright ne réclamait la parole; je la lui cède; mes lecteurs ne perdront rien au change.

LE VOTE DES FEMMES EN ANGLETERRE [1]

DISCOURS DE M. JACOB BRIGHT, MEMBRE DU PARLEMENT.

Madame la présidente, Mesdames et Messieurs,

On m'a demandé de faire la motion suivante : « L'ex-
« tension du suffrage tant qu'il sera interdit aux femmes
« est une injure positive pour elles, puisqu'il fait d'elles
« seules et tout d'un coup une classe d'incapables. »

Je ne pense pas que quelqu'un ici désapprouve cette
adresse. Tant qu'un très-petit nombre de personnes possé-
daient seules les franchises, et tant que ce petit nombre
était, pour ainsi dire, une classe isolée, on pouvait ne pas
remarquer la complète exclusion des femmes ; mais aujourd'hui que cette disposition est entièrement changée ;
quand dans nos villes représentées au parlement, du
moins, tout homme peut posséder les franchises, la
question apparaît toute différente. Une partie de la population de ces villes (boroughs), portion assez considérable,
je le crains, a reçu dernièrement le nom de résidu. Cette lie,
comme vous le savez, est complétement illettrée ; ses habitudes et sa condition générale sont si misérables que, quand
nous y réfléchissons, nous sommes presque honteux de
revendiquer pour ce pays le caractère d'un peuple civi-
lisé ; quand cette lie est comme maintenant en possession
de franchises, il peut sembler assez singulier qu'aucune
femme, quelle que soit sa condition, quel que soit son
caractère, ne puisse avoir l'influence d'envoyer par son
vote un seul membre au Parlement.

Comme on m'a demandé de présenter à la Chambre des
communes, avec mon ami M. Ch. Dilke, le bill pour
faire cesser l'incapacité électorale des femmes, peut-être

---

[1] Rapport d'un meeting tenu à Londres par la Société nationale pour
le suffrage des femmes.

puis-je faire une remarque ou deux sur l'état actuel de la
question. Près de trois ans se sont écoulés depuis que
M. Mill a posé cette question à la Chambre des communes.
Je n'ai pas besoin de m'arrêter sur l'habileté avec laquelle
il l'y introduisit, ni sur le très-grand avantage que la
question eut de trouver un tel promoteur. Mais, en dehors
de cet avantage, je crois que le remarquable appui qu'elle
reçut dans la Chambre des communes était dû beaucoup
plus à l'évidente justice de la cause et à l'impossibilité de
trouver une réplique à y opposer. Soixante-dix à quatre-
vingts membres, environ le tiers des membres du Parlement, suivirent M. Mill dans cette voie, parce qu'après
avoir discuté cette question de réforme de tous côtés dans
le pays, et surtout au Parlement, ils pensaient ne pouvoir
agir autrement; parce que tout argument mis en avant
pour étendre les franchises des hommes s'appliquait également aux femmes; pour eux, changer de camp était certainement un grand sacrifice d'opinion. Quand M. Mill
eut rendu ce service éminent à la question, dans la
Chambre des communes, des associations se formèrent
dans tout le pays. Quelques-uns des assistants peuvent
ne pas avoir donné toute leur attention au caractère et à
l'influence de quelques-unes de ces associations; à côté
de celle de Londres, vous avez celle de Manchester, qui a
une grande influence; celle d'Édimbourg, de Dublin, de
Birmingham, de Bristol, de Bath, de Carlisle, de Leeds,
et de je ne sais combien d'autres endroits.

J'ai reçu hier de miss Robertson, habitant Dublin, une
lettre qui m'apprend que Dublin, après Londres et Manchester, a envoyé plus de signatures au Parlement durant
la dernière session qu'aucun autre endroit du Royaume-
Uni. Maintenant quel est le caractère de l'appui que la
mesure proposée reçoit? Ce comité sait très-bien que
beaucoup des hommes les plus distingués de nos universités sont avec nous pour cette question. Il est également
vrai que les classes ouvrières de nos grandes villes manu-
facturières l'appuient aussi. . . . .
. . . . Dans la dernière élection
municipale de quelques villes du Yorkshire, les ouvriers

s'intéressaient même tellement au vote des femmes, et étaient si contents de voir qu'on revendiquât leurs droits, qu'ils se réunirent pour une souscription et donnèrent un témoignage flatteur à la première femme qui se fit inscrire sur la liste électorale ; c'est une des preuves de la grande sympathie des ouvriers pour les franchises féminines.

Mais quelle est notre position au Parlement ? Depuis que M. Mill y a fait cette motion avec un succès si flatteur, je puis dire que nous sommes beaucoup plus forts ; nous avons de bons adhérents dans tous les partis à la Chambre des lords ; des membres du cabinet sont favorables au bill ; des légistes (law-officers of the crown) nous donneront leur appui, et dans la Chambre des communes nous avons partout, chez les conservateurs comme chez les libéraux, d'influents soutiens. Qu'est-ce que tout cela prouve ? Cela prouve indubitablement que la revendication des femmes est une revendication très-puissante ; que les principes sur lesquels elle s'appuie sont si simples que les savants et les ignorants peuvent les comprendre.

On m'a demandé plusieurs fois si ce bill rallierait la majorité des votes. Pourquoi une personne qui, en Angleterre, prête quelque attention aux questions publiques, en douterait-elle ? Naturellement il deviendra loi. On me dit quelquefois : Quand ? Je n'hésiterais pas à requérir un prophète pour fixer cette époque. Un membre de la Chambre des communes m'a dit l'autre jour qu'il croyait qu'on le voterait à cette session sans opposition aucune ; son voisin répliqua : Non, il ne le sera pas à cette session, mais il le sera bientôt. Je ne crains pas d'être trop confiant sur ce sujet, mais. . . . . je suis sûr qu'il sera prochainement voté, par ce seul motif que c'est un bill juste et nécessaire.

Certainement il est juste que dans un pays libre on n'exige pas qu'une classe qui n'a aucune influence sur la confection des lois leur obéisse ; il est également juste qu'on n'attende d'aucune classe un payement libéral des impôts nationaux quand elle n'a aucun contrôle sur leur emploi. Mais, comme l'ont démontré à satiété les orateurs habiles qui m'ont précédé et surtout les admirables discours des dames que vous avez entendues, ce n'est pas seulement une question de justice abstraite ; c'est une question d'urgente nécessité pour les femmes de ce royaume du moins. Je ne sais pas si ailleurs elles subissent de grandes incapacités légales, mais, autant que j'en puis juger, j'affirmerais qu'aucune classe en ce monde ne peut jamais s'affranchir d'incapacités légales à moins d'être investie d'un pouvoir politique.

En conséquence, l'attitude que le gouvernement peut prendre sur cette question sera très-importante. Il peut faire passer je ne dirai pas tous les bills qui lui plaisent, mais tous ceux qui sont entièrement raisonnables, et il a presque un pouvoir illimité pour empêcher un bill de passer. Je dis pouvoir presque illimité, parce que par bonheur il y a toujours quelques limites au pouvoir d'un gouvernement tel que le nôtre. . . . .

. . . .

Mais je ne suis pas préparé à voir le gouvernement s'opposer à ce bill. Pourquoi le gouvernement aurait-il consenti à l'adoption du bill des franchises municipales de la dernière session, en accordant le vote aux femmes dans 200 ou 300 villes de ce royaume, y compris les plus grandes cités du pays ; pourquoi, dis-je, le gouvernement aurait-il consenti à octroyer ce droit en envoyant les femmes à la salle électorale, non tous les quatre ou cinq ans, mais chaque année ? Pourquoi consentirait-il à accorder aux femmes d'être mêlées à tous les débats de la vie publique et de posséder ce privilége additionnel, s'il pensait tergiverser maintenant et dire : Non, vous n'aurez pas le vote au Parlement. La chose serait insupportable, parce que tout argument qui conclut à investir les femmes du vote municipal s'applique à leur vote au Parlement, avec cette remarque importante que beaucoup d'arguments de grand poids qu'on peut employer en faveur du vote des femmes au Parlement n'existent pas relativement au vote municipal. Je dis qu'il est invraisemblable, très-invraisemblable que le gouvernement puisse s'opposer à ce bill.

Il y a dans cette enceinte des hommes et des femmes de toutes les nuances politiques. Les conservateurs auront trouvé, je pense, un motif pour appuyer le projet dans ce qui a été dit de son caractère conservateur. Je n'émets aucun avis sur ce sujet, mais je regretterais beaucoup qu'un grand gouvernement libéral attachât ce stigmate particulier sur les femmes et leur dît : « Vous êtes pro-« pres à prendre part aux affaires mercantiles; vous avez « assez d'intelligence et de capacité pour traiter des ques-« tions locales ; mais quand on arrive aux intérêts natio-« naux, vous êtes complétement hors de cours et vous « n'avez aucune qualité pour y prendre la moindre part. » Je dis qu'un gouvernement libéral ne devrait pas se pla-cer dans une position semblable. Chaque classe dans le pays devrait être élevée autant que le gouvernement a le pouvoir de l'élever, et il devrait hésiter longtemps avant de prendre une voie qui le conduirait à un manque de respect envers une classe particulière.

Un mot pour terminer; que cette réforme soit obtenue plus tôt ou plus tard, le devoir de tous ceux qui y sont intéressés reste très-évident.

Tout homme et toute femme qui désirent ici faire ces-ser l'incapacité électorale des femmes devrait travailler vigoureusement pour sa disparition, comme au début de cette lutte de plusieurs années. Il ne devrait pas y avoir un endroit dans le royaume où, ayant influence sur un membre du Parlement, vous ne deviez lui écrire afin de lui demander une attention favorable pour le bill et où votre comité ne continuât son travail comme si tout obs-tacle possible entravait encore notre marche.

L'ÉMANCIPATION

DE LA FEMME

EN DIX LIVRAISONS

Par Mlle J.-V. DAUBIÉ.

20 centimes la livraison

PARIS

ERNEST THORIN, ÉDITEUR

7, RUE DE MÉDICIS, 7

1871

L'ÉMANCIPATION DE LA FEMME

NEUVIÈME LIVRAISON.

CARRIÈRES PROFESSIONNELLES POUR LES FEMMES.

Loin de voir du reste une panacée dans l'externat, il faut en redire ce qui a été dit à l'occasion de l'instruction obligatoire et de l'enseignement mixte ; il ne peut être que le résultat d'un ordre moral qui permet à la jeunesse de puiser de bons principes soit dans la famille, soit aux foyers d'adoption qui la reçoivent. La généralisation de l'internat en France, depuis un demi-siècle, suffirait pour attester le déclin des vertus de famille, et par suite la nécessité d'éloigner l'enfant de ces intérieurs où il ne reçoit que des influences corruptrices. Mais c'est en vain que nous le séquestrons ; les relations de l'interne avec le monde sont assez fréquentes pour qu'il se fasse un idéal de liberté du mal qu'il voit impunément commettre par les adultes ; aussi s'applaudit-il quand il peut déjouer une surveillance importune et chagrine pour faire par anticipation ses preuves de virilité dans le désordre. Même dans les familles les plus honorables, qui reçoivent à leur table des adolescents aux jours de congé, il est facile de remarquer que les entretiens doivent laisser les impressions les plus funestes dans l'esprit novice et docile des jeunes gens. En effet, la chronique du jour n'étant pas précisément celle des *faits édifiants*, la conversation tombe sur le caractère des hommes et des femmes à

la mode, sur la manière dont on *parvient*, sur l'art de faire
fortune et d'en jouir, de dévorer des héritages, etc., sur
l'empressement chevaleresque que la loi et les tribunaux
mettent à sauvegarder la bourse, la *considération* et
l'honneur même des hommes qui *s'amusent*, et qui sous la
protection de cette tutelle empressée étalent le scandale
dans les lieux les plus en renom.

Devant ces mœurs et ces lois licencieuses qui font rentrer l'indignation dans les cœurs jusqu'au jour d'une
vengeance aveugle ; devant cette négation cynique du
principe réel de la moralité, dont la liberté et la raison
sont les bases, on se demande comment il est des hommes à vue assez courte pour croire à la moralisation
de l'adolescence, soit par l'internat, soit par l'externat.
Toutefois le palliatif impuissant de l'internat nous sera
nécessaire tant que la guerre, la misère, le vice et la loi
multiplieront nos orphelins bien plus que la mort. La
transformation de l'éducation suivra donc ici celle de la
loi et des mœurs. Mais il serait facile, pour préparer la
transition, d'attacher aux internats des classes d'externat
séparées où l'on recevrait les natifs d'une localité qui ne
peuvent faire des frais dispendieux de déplacement pour
leurs études.

ÉCOLES NORMALES ET AMÉLIORATIONS DIVERSES.

L'égalité civile que nous avons revendiquée pour les
élèves des deux sexes, dans les diverses branches d'enseignement, appelle tout d'abord une réforme des écoles
normales qui mette sur le même pied l'aspirant instituteur et l'aspirante institutrice.

L'état de choses actuel montre un coupable abandon de
celle-ci. Pendant que nous comptons 80 écoles normales
d'élèves-maîtres subventionnées par l'État, les départe-

ments et les communes, nous avons neuf écoles normales d'institutrices. Environ 32 cours normaux ont, il est
vrai, la prétention d'instruire les aspirantes institutrices,
mais en réalité ils ne remplissent pas ce but. Quelle que
soit la gratuité qu'ils peuvent accorder, ils sont d'une insuffisance dérisoire, parce qu'ils ne dispensent que l'enseignement de l'externat sans qu'il soit pourvu aux besoins matériels de la jeune étudiante : ils la prépareront
peut-être tant bien que mal à un examen, sans lui donner
la méthode pédagogique ni l'instruction nécessaire aux
instituteurs , sans lui laisser aucun équivalent de la protection que le jeune homme pauvre trouve dans les bourses d'internat. En effet, si nous en exceptons les cours
pour institutrices protestantes, les neuf dixièmes de nos
cours normaux pour préparer à l'examen sont faits par
des religieuses dispensées de subir cet examen.

Nos 80 écoles normales d'instituteurs primaires, ri-
chement subventionnées, dans des locaux spacieux, pourvues de bibliothèques et de collections scientifiques, reçoivent, en dehors des subsides départementaux et municipaux, deux millions chaque année du budget, pour
admettre des boursiers et des pensionnaires à prix réduit. Et ces écoles sont fermées systématiquement à
l'administrée, à la *contribuable*. Il eût été, il serait si facile
à nos gouvernements centralisateurs d'opérer ici la fu-
sion des droits et des intérêts particuliers, qui constitue
le droit et l'esprit publics, qu'il ne faut pas s'étonner de
les voir, ayant agi partout de même, succomber tour à
tour sous le faix de leurs injustices accumulées.

Pour rendre à chacun son dû, faut-il créer 80 écoles
normales d'aspirantes institutrices? Mais nous n'avons
guère d'argent à dépenser pour les hommes, et nous n'en
aurons jamais pour les femmes, tant que nous penserons
qu'elles ont trop peu à désirer pour s'occuper de leurs
propres affaires, et contribuer à la nomination des ma-
dataires qui doivent les gérer. Il y aurait ici à utiliser
tout d'abord complétement le personnel et le matériel de
nos écoles normales et à n'en créer d'autres qu'en cas
d'insuffisance.

Si l'on ne peut ou ne veut créer des bourses nouvelles, il faudrait aussi avoir l'équité d'en faire un partage proportionnel au nombre et au mérite des aspirants sans acception de sexe [1]. Trois mille élèves pour quatre-vingts écoles forment une moyenne de quarante-cinq élèves par école. Parmi ces établissements, en est-il d'assez vastes pour en recevoir davantage? Si oui, remplissons-les et laissons les locaux vides à la disposition des jeunes filles. Tous les maîtres ont-ils un nombre suffisant d'élèves? Si non, ouvrons des cours spéciaux d'externat et n'ayons pas à la fois en ce cas dans la même localité deux établissements distincts pour concourir au même but [2].

Lors même que les écoles seraient au complet, elles peuvent encore ouvrir des cours spéciaux aux aspirantes institutrices, soit le soir, soit les jours de congé, dans ces localités où le cours normal n'offre qu'une instruction insuffisante à la femme qui pourrait facilement suivre un enseignement semblable à celui des aspirants instituteurs.

Ces externats permettraient à mainte jeune fille de faire ses études sans déplacement et sans frais et deviendraient une précieuse ressource pour celles que nous préparerions à des emplois comme ceux des Postes, de l'Enregistrement, de la Perception des impôts directs, de la Télégraphie, quand l'égalité sera conquise sur ce terrain par des examens et des concours communs aux aspirants et aux aspirantes.

Les aspirantes institutrices, douées du sens musical, pourraient aussi, comme le font certains instituteurs, se

---

[1] Espérons que la circulaire de M. le ministre de l'instruction publique a fait tout d'abord appliquer les bourses d'écoles normales aux jeunes filles.

[2] Ajaccio, Besançon, Lons-le-Saunier et Orléans ont à la fois une école normale d'instituteurs et d'institutrices. Une grande partie des cours normaux pour institutrices sont aussi situés dans les villes qui ont l'école normale d'instituteurs. Il est de fait qu'une inspection consciencieuse dans ces localités permettrait un meilleur emploi du personnel et du matériel d'études destinés aux hommes seuls. Si l'on considère d'un autre côté ce qui serait à faire pour l'éducation de nos orphelins, de nos enfants trouvés, etc., pour la réforme d'écoles comme celles des boursières de Saint-Denis, on voit que la transformation presque complète de l'enseignement peut avoir lieu par voie administrative.

mettre à même de jouer l'orgue dans nos églises de village.

L'école normale qui forme à Paris des directrices d'asile étant insuffisante pour les besoins de la France entière, il serait facile encore d'ouvrir une section pour cet enseignement pédagogique dans quelques-unes de nos écoles normales, car, ne l'oublions pas, l'asile manque dans les communes qui en ont le plus grand besoin, et toute institutrice doit être à même de dispenser cet enseignement maternel avec l'instruction primaire dans les communes où un seul maitre suffit.

Mais le déclassement de nos nombreuses jeunes filles, qui ne trouvent carrière ni dans la société ni dans la famille, et dont la vie sans but est un fléau pour l'ordre public, exige surtout, ai-je dit, qu'on attache des cours professionnels à nos écoles normales et qu'on n'admette à l'emploi d'institutrice que celles qui s'en montreront dignes par le sérieux et la dignité de leur caractère. Ainsi disparaîtra la plus grande plaie de l'enseignement séculier : des institutrices sans vocation, sans sécurité, sans méthode pédagogique. L'ignorance déplorable de certaines adolescentes exigerait même des écoles préparatoires où on les admettrait sans examen préalable, lorsqu'on leur découvrirait des aptitudes exceptionnelles, car nombre de filles intelligentes doivent quitter l'école dès l'âge de dix et onze ans pour gagner leur vie par le travail manuel.

Il ne faut pas se le dissimuler non plus, l'insécurité sociale a été telle jusqu'à présent pour la jeune fille, les préventions de ses parents sont par suite si fondées, qu'en lui fournissant bourse d'internat avec trousseau et indemnité de voyage je ne sais si l'on recruterait un personnel suffisant. Dans les campagnes on aurait, en outre, à combattre l'incurie et les préjugés de parents qui préfèrent la paresse, la gêne, la misère ou le vice à l'indépendance conquise par le travail.

Le même sentiment de justice distributive facilitera aussi l'accession de la femme aux écoles normales supérieures et la préparera ainsi au professorat de l'enseignement secondaire, surtout pour les classes inférieures de nos collèges et de nos lycées, où les jeunes enfants réclament des soins maternels.

Nos grandes villes peuvent dès aujourd'hui mettre à la disposition des jeunes filles ces riches bibliothèques qui sont trop souvent un monopole universitaire, et leur faciliter les études par le don ou le prêt de quelques livres. Alors nos institutrices, vraiment dignes de ce nom, pourront, comme aux États-Unis, se réunir avec les instituteurs et les inspecteurs pour discuter, en présence des amis des études, les moyens de perfectionner l'enseignement et de développer les facultés intellectuelles et morales par la lecture et l'observation [1].

Mais ne nous le dissimulons pas, il nous faudra de longues années, des dévouements sans bornes et de grands sacrifices pour former des femmes éprouvées par leur aptitude, leur science et leur caractère. Les réformes proposées ici seraient en outre impraticables si nous n'enlevions aux congrégations religieuses les privilèges injustes qui leur ont permis d'écraser nos institutions séculières. C'est ce qui nous amène à examiner la question de l'enseignement laïc et de la lettre d'obédience. Et d'abord parce que le couvent, fort déjà de l'isolement, de l'abandon et de l'oppression de la femme pauvre, a tout accaparé en vertu de privilèges injustes et immoraux, faut-il lui enlever ses droits légitimes ; parce qu'il opprime l'enseignement séculier, l'enseignement séculier doit-il l'opprimer à son tour ; en un mot, l'instruction doit-elle et peut-elle être *à priori* exclusivement laïque? Notre esprit centralisateur et autoritaire, qui fait dire volontiers à tout individu : *L'État c'est moi*, nous disposerait à agir ainsi, mais la considération des droits individuels et de l'égalité civile nous montre la question plus complexe ; elle nous la fait voir surtout loin de la hauteur d'un *principe*, c'est-à-dire d'une maxime tellement vraie, qu'elle ne souffre aucune contradiction et puisse se transformer en loi immuable

[1] Ces congrès où instituteurs et institutrices font des lectures et des conférences ont lieu tous les ans, huit ou quinze jours, dans une ville de chaque État.

qui ne cède jamais rien aux personnes et aux circon-
stances.

La sécularisation des emplois est de règle générale
lorsque le personnel dépendant de l'État est directement
rétribué par lui, et nous la trouvons acceptée par tous
dans l'enseignement secondaire et supérieur. Mais le droit
de l'État n'étant que celui d'un particulier qui choisit les
professeurs qu'il paye, il en résulte qu'il n'a rien à imposer ici partout où il ne paye pas; c'est le cas, je crois,
pour la majeure partie des écoles primaires, entretenues
aux frais des départements et des communes. En sortant
de notre système généralisateur pour nous placer sur le
terrain de la liberté individuelle, nous conclurons donc
que, quand l'État ne subventionne pas les écoles, il n'a pas
droit de partir d'un principe absolu pour admission ou
exclusion d'un personnel enseignant, qui serait élu après
garanties morales et intellectuelles, examen et concours,
par les intéressés, pères et mères de famille. Il paraît
donc difficile, si ce n'est impossible de poser le principe
général de *l'enseignement primaire laïc*. Mais la justice
permît-elle de le poser sur le terrain du droit, il rencon-
trerait encore de nombreuses difficultés sur celui du fait,
pour l'enseignement des femmes à qui le personnel man-
querait presque complétement. Puis nombre d'établissements scolaires, orphelinats et ouvroirs, sont des legs
faits à des congrégations religieuses ; d'autres, créés à mi-
frais par elles et par les communes, représentent une solidarité de droits et de devoirs. La liberté de concurrence,
objecte-t-on, est sauvegardée dès que les congrégations
religieuses, libres d'ouvrir des écoles privées, ne sont
exclues que de la direction des écoles publiques.

A ce sujet, il faut répéter encore que le principe de
l'enseignement laïc paraît incontestable quand l'État dispense lui-même cet enseignement; les localités assez populeuses pour que les écoles privées y prospèrent à côté
de l'école publique, dès qu'elles seront investies du droit
de choisir le maître de leurs enfants, séculariseront probablement aussi l'enseignement municipal, si elles trouvent des avantages dans cette sécularisation; mais nous

n'avons rien à y voir, parce que cette question relèvera
toujours des lois de la concurrence, des convenances locales et individuelles [1]. Puis en dehors de là il y a en
France environ quinze mille communes de cinq cents
âmes et au-dessous, parmi lesquelles on compte des groupes de moins de cent habitants ; un seul instituteur n'y
est pas assez occupé, et une centralisation administrative,
dont les procédés rappellent ceux de Procuste, songerait
à leur imposer deux écoles spéciales laïques ! Nous
comptons en outre quantité de communes plus importantes où nous avons déjà le regret de voir imposer deux
écoles spéciales lorsqu'une école mixte suffirait souvent à
leur population scolaire. Faut-il qu'une ingérence intem-
pestive dans leurs affaires les contraigne encore à s'épui-
ser, pour créer deux écoles congréganistes à côté des deux
écoles publiques séculières exigées d'elles contre leur gré?
Mais si l'on continuait ainsi à s'attaquer aux effets du mal,
on ne ferait que froisser l'esprit des communes par cette
tyrannie maladroite ; alors la rétribution scolaire assurée
par la préférence des habitants à la sœur qu'on chasserait
de l'école publique lui permettrait d'ouvrir une école privée dans la commune, et un antagonisme fâcheux, y mul-
tipliant les dépenses en divisant les forces, accablerait
d'impopularité l'enseignement communal avec son personnel médiocre et ses écoles désertées. Ah ! bien plutôt,
en remontant aux causes du mal, combattons efficacement
ces conséquences funestes et laissons ensuite les citoyens
libres d'enseigner à tous la même notion du devoir social,
qu'il auront puisée sous le régime vivifiant du droit commun.

Mais ce régime de liberté exclut, il faut bien s'en convaincre, les lois arbitraires et les priviléges injustes qui
ont permis aux congrégations religieuses d'absorber et
d'écraser l'enseignement séculier des femmes.

[1] En dehors de la supériorité morale que la protection paternelle du couvent donne à la sœur, nombre de communes la préfèrent pour n'avoir pas
à se préoccuper des éventualités de mariage qui distraient l'institutrice
laïque de ses fonctions ou l'y enlèvent complètement.

OBJECTIONS.

Faute d'espace, je dois me borner à résumer brièvement quelques objections contre le suffrage des femmes. On nous a dit d'attendre un gouvernement libéral qui nous mette lui-même en possession de nos droits, ce qui est une preuve nouvelle de l'inertie où jette la désuétude de la liberté. L'inaction et la contrainte dans lesquelles vivent la plupart des femmes ont produit sur elles les mêmes effets que le despotisme sur les hommes; pendant que les Anglaises montrent assez d'énergie pour faire abroger une loi, ces femmes ne se sentent pas le courage d'en faire sanctionner une, sous un gouvernement qui, sans rien enlever au mérite de celui de M. Glastone, l'égale s'il ne le surpasse en libéralisme. La question du suffrage des femmes s'impose du reste à tel point chez nous, que l'Empire la faisait examiner au sénat, plaider dans la presse par ses organes sérieux et badins, et qu'il assurait sa *tolérance* la plus large aux femmes qui hésitaient à recevoir quelque chose de ses fonctionnaires irresponsables. Aussi ai-je pu affirmer à des Anglaises et à des Américaines que nous serions avant elles en possession du vote, si un jour venait que nos fonctionnaires obéissent à la loi au lieu de lui commander. Il ne faut pas pour cela attendre que le gouvernement se charge de faire voter les femmes sans elles et malgré elles; il ne leur doit rien que le laisser-faire et le laisser-passer; son abstention est ici la mesure de son libéralisme. M. L. Say, préfet de la Seine, en rappelant aux maires que la composition des listes électorales est laissée à leur discrétion, a donné un exemple habile de décentralisation administrative dont plusieurs personnes ont pris acte. Si cette affirmation ne suffisait point, il faudrait en appeler au ministre actuel de l'intérieur, M. Casimir Périer, et lui mettre sous les yeux la circulaire où il dit aux préfets :« Dans l'application de la loi, préférez toujours l'interprétation la plus large, la 'plus libérale, la plus généreuse. » Si vous comprenez enfin, mesdames, l'initiative que réclame la liberté, n'attendez donc pas que M. Thiers, en chair et en os, en corps et en âme, vienne à deux genoux vous faire amende honorable en vous remettant une carte d'électeur; n'espérez point que, quand vous lui aurez accordé un magnanime pardon, il vous offre son bras pour vous conduire lui-même au scrutin. Quant à moi, je ne suis pas si exigeante et, dussé-je, comme le phénix, être seule de mon espèce, j'épargnerai, soyez-en sûres, cette démarche à l'honorable président de la République française.

D'autres personnes craignent que la femme député ne soit un résultat des droits politiques que nous revendiquons. Il est très-évident sans doute que la femme électeur se complète par la femme éligible, mais il y a loin de là à la femme élue, dans l'état de nos mœurs surtout. Si la femme électeur représente un droit, la femme éligible représente un choix dont nous n'avons pas à nous préoccuper ici; en effet, ou elle posera sa candidature sans être portée par le flot de l'opinion et alors elle partagera le ridicule inoffensif de ces candidats éternels qui ne retirent de l'urne électorale que la voix dont ils se sont honorés eux-mêmes; ou cette femme sera désignée par un suffrage unanime si elle a fait preuve de la capacité d'un véritable homme d'État; alors elle sera parmi les législateurs et les gouvernants ce qu'était Jeanne d'Arc parmi les généraux, et son autorité sera aussi logique et plus salutaire que celle que les reines tirent de leur naissance. Mais cette éventualité, qui ne se réalisera peut être jamais, laisse intacte la question de pondération du droit et du devoir social qu'il est urgent d'établir. A une époque où la science économique est celle de l'équilibriste, il y a lieu de réfléchir mûrement pour se demander comment on pourrait donner à la femme le moyen d'exprimer des aspirations et des vœux qui seraient pris en considération dans l'élaboration des lois. Pour que la démocratie se fonde sur des bases inébranlables, il importe que les qualités intellectuelles et morales, qui peuvent se rencontrer chez les femmes, comme chez les hommes, puissent se trouver exclusivement au pouvoir législatif et exécutif ; il faut qu'elles puissent y dominer, y diriger et y neutraliser cette expansion de la nature sensuelle des chefs et des masses qui a fait sombrer la justice et l'honneur de la France. Ce sujet est particulièrement digne d'études à une époque où, quoi qu'on fasse, la démocratie coule à pleins bords ; il s'impose à tous ceux qui pensent qu'on peut changer ce torrent dévastateur en fleuve fécondant.

Passons sur un genre trop fréquent d'objections qui consiste à dire : « les femmes voteront, que cela sera drôle, oh, oh ; les femmes veulent voter, ah, ah ; des femmes électeurs, hi, han, hi, han. » O patrie de Descartes, où es-tu ? O Lahaye, ce n'est pas ta faute si tu es situé entre Tours et Poitiers, et si nous avons le droit de dire avec un conférencier : « Descartes, ce célèbre philosophe hollandais. »

Comme il ne s'agit ici du reste de l'avis de personne, nous repoussons des négations puissantes à détruire, impuissantes à fonder l'harmonie sociale. Nous affirmerons donc le droit lors même que cela devrait déplaire au grand nombre ; loin d'apprécier du point de vue individuel un vote qui nous paraîtrait une satisfaction insignifiante et puérile, en considérant l'ensemble de la question nous aurons conscience de poser un principe d'égalité et par conséquent de liberté par le seul droit d'abstention.

Aux quelques femmes qui demandent comment s'y prendre pour voter, je ferai remarquer que la question, telle que je la pose, ne réclame que la démarche d'une seule femme et l'adhésion d'un seul maire ; or, comme nous avons plusieurs femmes et plusieurs maires dans notre manche, si nous rencontrions un seul magistrat hostile, il faudrait suspendre partout les demandes d'inscriptions pour demander au récalcitrant compte de son opposition devant les tribunaux. De cette façon nous trouvant toutes contre un, au lieu d'être une contre tous, nous ne serions pas réduites à dire avec la comtesse des *Plaideurs* :

> . . . . . Tous mes procès allaient être finis ;
> Il ne m'en restait plus que quatre ou cinq petits.

Tout cas échéant, cette question nous servira à prendre la mesure du libéralisme de nos fonctionnaires et à nous faire connaître si la volonté arbitraire de l'homme reste sous la République, comme sous la monarchie et l'empire, la règle de la justice et de la jurisprudence. Si nous devions être éconduites par une menteuse démocratie, impuissante à nous donner la liberté sous la loi, je dirais aux femmes : « Abêtissez et corrompez les hommes ; c'est votre seul droit ; c'est par conséquent votre unique devoir social. » Espérons donc en l'avenir.

LE VOTE DES FEMMES EN ANGLETERRE [1]

DISCOURS DE M. CHARLES DILKE MEMBRE DU PARLEMENT.

Madame la présidente, Mesdames et Messieurs,

Je ne puis m'empêcher de penser avec mon ami M. Bright que notre position est aujourd'hui plutôt celle d'auditeurs que d'orateurs. Nous sommes venus ici pour accomplir un devoir, et, comme une portion de notre tâche de faire progresser la question cette année, pour écouter si nous pouvons recueillir des arguments nouveaux et plus puissants pour appuyer les conclusions auxquelles nous sommes arrivés ; si, d'un autre côté, nous pouvons entendre quelque écho des arguments employés contre nous au dehors et dans la presse. Je

---

[1] Rapport d'un meeting tenu à Londres par la société nationale pour le suffrage des femmes.

dois en même temps demander la permission de faire remarquer à l'assemblée que le bill qui doit être présenté a à peine assez d'étendue pour justifier quelques-uns des arguments dont on a usé pour le combattre et quelques-uns des arguments par lesquels on l'a appuyé.

Le bill propose non de donner le droit de vote à toutes les femmes, mais seulement à celles qui remplissent les conditions actuellement requises des hommes électeurs ; c'est une chose si simple, il me semble, qu'il est impossible de la discuter devant un meeting où il n'y a pas d'opposants, ou de prévenir les objections qui peuvent être faites, parce qu'il est impossible de connaître la nature de ces arguments avant que la question ait été portée devant la Chambre des communes. Je sais que certains journaux ont par anticipation combattu le bill, mais leur seule objection est que les femmes ne désirent pas le suffrage ; un meeting comme celui-ci est, je le pense, une réponse suffisante. Si nous demandions maintenant tout ce qui peut être demandé ; si nous demandions que le vote soit accordé à toutes les femmes qui le désirent, ou à toutes les femmes sans exception, il pourrait y avoir de plus puissants arguments, quoique je ne pense pas qu'il en soit qui puisse être mis en avant contre cette proposition. On pourrait dire ici comme en Amérique que le devoir de défendre le pays doit aller avec le suffrage, mais cet argument est toutefois entièrement inapplicable à la mesure particulière qui nous est soumise cette année.

La motion que je suis appelé à seconder, si nous voulions la critiquer minutieusement, prouverait peut-être son exactitude rigoureuse ; elle établit que l'extension du suffrage, tant que les femmes en seront exclues, est une injure positive pour elles, puisqu'elle fait d'elles la seule classe d'interdits. En ce qui regarde les derniers mots de cette motion, je dirais que les femmes ont toujours été la seule classe d'interdits ; elles ont toujours été les seules personnes exclues des franchises, sans qu'on ait essayé nulle part de les faire sortir de leur incapacité.

Je ne veux pas retenir l'assemblée après le talent que

les dames ont mis à soutenir cette cause ; elles ont parlé
plus convenablement que des hommes ne pourraient le
faire à un meeting de femmes sur cette question ; mais
je voudrais, comme mon ami M. Jacob Bright, dire que
je suis un de ceux qui pensent que le bill sera voté cette
année probablement sans opposition. Je crois que ceux
qui l'année dernière ont unanimement voté les franchises municipales des femmes, quand ils considèreront
la question actuelle avec soin, verront que tous les arguments qui s'y appliquaient s'y appliquent encore. Je dirai aussi que, quel que soit le résultat des débats ou de la
division, je puis assurer M. Mill que, grâce à la hardiesse
de ses efforts et au courage avec lequel il a pris en mains
cette question, grâce aussi au talent avec lequel les dames l'ont appuyée, et je puis ajouter en toute franchise
que grâce à l'amélioration du caractère des commettants
et de la présente Chambre des communes, il n'y a pas de
probabilité ni même de possibilité, quand le sujet sera
débattu, que la motion de M. J. Bright, mon ami, soit accueillie de la manière dédaigneuse avec laquelle on l'a-
vait tout d'abord accueillie [1].

[1] Le vote à la Commune étant acquis aux Anglaises, il s'agit ici, comme
on sait, du vote au Parlement. Or, à la dernière discussion du bill pour la
capacité électorale des femmes, au mois de mai 1871, il y a eu 69 voix
seulement de majorité opposante; le progrès a été si sensible d'année en
année, depuis que M. J. Stuart Mill a porté pour la première fois cette
question à la Chambre en mai 1867, que, selon la prophétie de M. Jacob
Bright, le bill sera sans doute voté l'année prochaine.

La persévérance et l'activité avec lesquelles les promoteurs ont vaincu
une opinion très-hostile se recommandent aux méditations et à l'émulation
des Français.

L'ÉMANCIPATION

DE LA FEMME

EN DIX LIVRAISONS

Par Mᵈᵉ J.-V DAUBIÉ.

—

20 centimes la livraison.

—

PARIS

ERNEST THORIN, ÉDITEUR

7, RUE DE MÉDICIS, 7

—

1871

L'ÉMANCIPATION DE LA FEMME

DIXIÈME LIVRAISON.

CARRIÈRES PROFESSIONNELLES POUR LES FEMMES.

Le nombre des congrégations enseignantes de femmes, qui a triplé dans ces vingt dernières années, fait que dans l'instruction primaire seulement les religieuses enseignent deux filles sur trois, tandis que les religieux n'instruisent qu'un garçon sur cinq. Pour l'enseignement supérieur des pensionnats, l'institutrice séculière a succombé à tel point dans les petites villes que le combat contre le cloître a cessé depuis longtemps déjà, faute de concurrence. Cette oppression, qui empêche notre enseignement laïc de recruter un personnel honorable, livre les écoles de filles aux méthodes routinières du couvent dans les communes mêmes qui accordent la gratuité absolue d'instruction. Il y a là une cause d'antagonisme sur laquelle on ne saurait trop attirer l'attention des vrais législateurs, c'est-à-dire des hommes de progrès. Certes si le sentiment de la justice m'a fait un devoir de démontrer que le principe de l'enseignement laïc ne doit ni ne peut être absolu, le même sentiment de la vraie liberté m'oblige à m'élever contre des priviléges scandaleux, causes des réactions sanglantes qui déchirent si souvent notre malheureux pays.

Si nous cessons enfin de réagir d'une manière maladroite et impuissante contre les effets du mal, pour chercher à le combattre dans ses causes, nous verrons que

l'abandon et l'exploitation de la fille du peuple dans la
société ne lui laissent souvent que le cloître pour refuge,
soit qu'elle ne trouve pas le pain quotidien en échange du
travail, soit qu'elle craigne les naufrages de ses sœurs ou
ait horreur de leur dégradation. Je n'ai pas besoin de
rappeler à ce sujet le chiffre formidable de femmes et
d'enfants que nos villes et nos campagnes offrent chaque
année en holocauste au minotaure de la débauche. On
comprendra peut-être mieux toute l'étendue de cette misère si l'on apprend que la France saturée d'orgies peut
encore livrer à l'exportation des instruments du vice et
même alimenter les harems orientaux [1].

Cette corruption de l'homme *honnête*, qui pousse une
jeunesse sans devoir et sans frein vers les *femmes malhonnêtes*, produit nécessairement un grand antagonisme
dans l'éducation et, par suite, dans la société et le mariage. De là le dégoût invincible que prennent pour le
monde une foule de femmes du peuple qui ont de la valeur morale et intellectuelle. Ayant horreur de ces
hommes aux instincts de brute, de ces sacs à vin qui se
rient des devoirs les plus sacrés de la famille, de ces électeurs souverains qui cherchent dans le mariage, comme
hors du mariage, la triple satisfaction de leur cupidité,
de leur despotisme et de leur concupiscence, ces femmes,
ainsi que dans les jours de décadence de l'empire romain,
fuient une société d'où la licence a banni les devoirs nécessaires qui font l'honneur de l'homme et la dignité de
la mère de ses enfants. Il résulte de là que, dans les classes ouvrières, les femmes qui, comme l'homme, *finissent*
par se marier sont souvent celles qui, pour avoir partagé
sa vie licencieuse, sont le moins propres aux devoirs du
foyer; aucune société qui lâche la bride au sensualisme
ne peut échapper à ces conséquences extrêmes. Elles

---

[1] « Un Français voyageait, il y a un an ou deux, sur le chemin de fer
« de Lyon à la Méditerranée, en compagnie d'un Levantin. A une station
« cet homme le quitte un instant et lui dit: J'ai là une douzaine de femmes
« que je mène sur le Bosphore. » Des hommes au service des pachas conduisent ces odalisques dans les harems ; on les fait musulmanes et personne
ne sait plus ce qu'elles deviennent (Souvenirs de Roumélie, *Revue des
Deux mondes*, 15 juillet 1871).

expliquent suffisamment le déclin de la famille chez nous
et le déclin même de la vigueur physique, morale et intellectuelle de l'individu, s'il est vrai que la mère trans-
met ses qualités natives à l'enfant par la filiation et s'il
est incontestable qu'elle lui inculque des habitudes, des
idées, des principes et des exemples par l'éducation.

La femme accablée de devoirs sans compensation
trouve donc à son entrée au couvent tous les moyens de
travail que la société lui refusait : instruction professionnelle pour le soin des malades et les œuvres variées de
l'assistance; certitude de subsistance en cas de chômage ;
d'asile, de retraite en cas de maladies, d'infirmités, de
vieillesse, etc., et toujours réduction de moitié prix pour
ses voyages en chemin de fer. Quoi qu'il arrive, la voilà
prémunie contre l'isolement de la séculière dans la lutte
si rude de l'existence ; la voilà pourvue d'armes victorieu-
ses contre cette concurrente téméraire.

Pour ne considérer que l'instruction, la femme en prenant la coiffe et le voile reçoit un bonnet de docteur qui
lui permet de professer sans diplôme dans l'enseignement
des femmes à tous ses degrés. La lettre d'obédience, en
conférant aux supérieurs des congrégations religieuses le
droit d'envoyer aux communes des sujets qui ne relèvent
que d'eux, de débattre seuls leurs intérêts avec ces communes, de désigner aux écoles les livres à employer, etc.,
forme une espèce d'État dans l'État aussi despotique que
l'a été jusqu'à ce jour notre centralisation administrative.
La loi de disjonction qu'établit entre l'institutrice séculière et l'institutrice congréganiste ce privilége d'obédience est la ruine même de l'enseignement des femmes
livré à tous les préjugés de l'ignorance. Inutile de dire
que les règles les plus élémentaires de l'équité et du
droit public demandent qu'une loi réagisse avec prompti-
tude et énergie contre cet abus; il nous aurait révoltés
depuis longtemps déjà si nos différents régimes adminis-
tratifs avaient pu nous laisser quelques sentiments du
juste et de l'honnête [1].

[1] Voir l'École par M. Jules Simon.

Toutefois, en attendant que des écoles normales aient créé des sujets nombreux dans tous nos départements, la pénurie d'institutrices laïques capables et dignes, l'absorption presque complète de notre enseignement public et privé par les sœurs, exigent que la loi use des sages ménagements qu'avait pris en 1848 M. H. Carnot pour amener graduellement le régime du droit commun ; en abolissant le privilége d'obédience, M. Carnot annonçait le projet de dispenser de l'examen les sœurs au-dessus de trente ans et d'accorder aux autres un délai de cinq ans pour se préparer à le subir.

La même équité doit s'appliquer à l'enseignement secondaire et supérieur, où il faut veiller surtout à ce que des priviléges abusifs en faveur des propriétés de main morte ne nous préparent les réactions vengeresses qui ont noyé dans le sang notre ancien régime.

Du développement normal des facultés de l'individu par l'initiative sociale dans les emplois ouverts ou à ouvrir aux femmes ; de l'identité de leurs diplômes pour l'enseignement professionnel primaire, secondaire et supérieur, dans les postes, les télégraphes, l'enregistrement, etc., nous arrivons logiquement à déduire l'égalité complète des salaires et des droits à la retraite, à l'avancement hiérarchique, sans aucune acception de sexe, pour tous les emplois qui relèvent de l'État. Je dis qui relèvent de l'État, parce que dans notre ordre économique les emplois libres étant laissés à la loi de l'offre et de la demande, la femme n'y peut améliorer sa condition que par son développement intellectuel et moral ; la société ne lui doit donc ici que l'égalité civile, l'instruction professionnelle, qui lui permettra de soutenir la lutte dans des conditions égales. Mais quand l'État paye ses employés avec l'argent de tout le monde, il commet une spoliation manifeste soit en substituant arbitrairement un homme à une femme, soit en réduisant le salaire des femmes qu'il occupe.

Le principe de l'égalité de salaire devant l'égalité de services rentre dans les lois d'une justice si élémentaire, qu'on est honteux d'avoir à le revendiquer et même à le démontrer pour les emplois payés par le budget. L'iné-

galité énorme de rétribution pour les employés d'un
même ministère, qui donnent le même temps et la même
intelligence, atteste une société oligarchique fondée sur
le mépris de l'humanité en général et de la femme en
particulier; une société qui, en fournissant le superflu aux
uns, en retranchant le nécessaire aux autres, alimente les
désordres de quelques privilégiés au détriment de l'ordre
public; qui méconnaît les lois de la saine économie politique au point d'accorder des indemnités aux hauts fonctionnaires, pour frais de représentation, sous prétexte de
faire aller le commerce. Cet abus était un trait distinctif
du régime impérial qui, au lieu de donner de modestes
avancements hiérarchiques, basés sur la nature et la du-
rée de l'emploi, établissait une disparité énorme de rétribution et payait quelquefois d'autant plus certains
favoris qu'ils travaillaient moins. Cette appréciation arbitraire de la valeur du service rendu était scandaleuse, surtout selon qu'elle concernait un homme ou une femme;
qu'on en juge plutôt par la condition que nos gouvernants
nous ont faite dans l'enseignement et les postes, les seuls
emplois où ils nous aient jusqu'à présent tolérées.

Pour l'enseignement, l'Empire avait établi une disparité
énorme de rétribution, non-seulement entre les instituteurs et les institutrices, mais entre les inspectrices à différents degrés. Ainsi le décret du 14 août 1855, qui régit les asiles, fixe, pour l'inspectrice spéciale, les frais de
tournée à six francs par jour d'absence de sa résidence et
à quatre francs par myriamètre parcouru, tandis que
l'indemnité de déplacement avait été antérieurement
fixée pour l'inspectrice générale à douze francs par jour
d'absence et à 5 fr. 50 par myriamètre parcouru. Un ré-
glement de 1862 accorde à l'inspecteur primaire 7 francs
par jour d'indemnité pour les voyages à 16 kilomètres et
de 9 francs pour les missions plus éloignées. Ces simples
données font voir quel bon plaisir règne dans la rétribution des emplois : l'avancement hiérarchique par degré
d'ancienneté et de capacité expliquerait à peine cette
énorme disproportion.

Objectera-t-on de plus grands besoins pour l'homme ?

Les besoins factices sont, nous le savons, plus dispendieux que les besoins naturels, et ceux-ci sont semblables pour les deux sexes. Les dépenses indispensables du chauffage et du logement leur occasionnent les mêmes frais ; quant à la consommation, celle de la femme est regardée comme si peu différente de celle de l'homme qu'aucun restaurant à prix fixe, aucune table d'hôte ne réduit ses prix en faveur de la femme. D'ailleurs, si l'État cherche à appliquer la fameuse maxime : « A chacun selon ses besoins, » il ne doit pas s'étonner que les masses la prennent aussi pour loi. Ne sont-ce pas les femmes oisives qui ont les besoins les plus dispendieux? Ne trouvons-nous point une fureur de jouissances destructives chez ces femmes vaines et sensuelles qui gaspillent l'honneur et l'avenir de la France avec notre jeunesse dorée ? Si certaines femmes ont plus d'ordre et d'économie que certains hommes, faut-il les en punir et décourager leur esprit d'épargne ; la richesse nationale ne se forme-t-elle pas de ces pécules accumulés qui à un jour donné deviennent la rançon de la France ?

Songeons aussi que les économies d'une femme servent souvent à nourrir de vieux parents, à élever de jeunes enfants ; rappelons-nous surtout qu'une honorable indépendance, conquise par le salaire et l'épargne, constitue la dot sur laquelle seule repose encore chez nous la vie de famille et, par conséquent, le salut d'un pays assez malheureux pour avoir détruit les liens les plus sacrés en enlevant toute sanction législative aux devoirs naturels.

D'ailleurs les chiffres cités plus haut, relativement aux indemnités de voyage des inspecteurs et des inspectrices d'école, prouvent que l'infériorité de salaire de celles-ci repose plutôt sur une volonté arbitraire que sur des vues équitables. On sait que dans les hôtels, les chemins de fer, les courses en ville, etc., l'inspectrice a certaines dépenses de convenance auxquelles l'inspecteur peut se soustraire.

Les droits des instituteurs et des institutrices à la retraite doivent aussi se fonder sur la valeur du service rendu sans acception des personnes, et les directrices d'écoles normales, les inspectrices, après avoir subi les mêmes épreuves que les directeurs et inspecteurs, recevront un traitement identique; le progrès de l'enseignement demande aussi que l'action de l'inspectrice s'étende à toutes les écoles de filles et aux écoles mixtes où l'on enseigne les travaux féminins.

De cette étude nous tirons la conviction que pour améliorer la situation intellectuelle et morale de la France il faut rendre les femmes indépendantes des hommes, qui les asservissent au profit de leurs passions, qui mettent tous leurs soins à les détourner des idées générales, qui ne développent chez elles qu'une sagacité étroite, mesquine pour les intérêts immédiats, parce qu'ils craignent partout les grandes qualités du caractère.

Il nous faut enfin rompre avec ces traditions funestes ; il nous faut dégager les femmes de leur esprit de coterie, de leur partialité routinière, de leurs préjugés de classe et de nationalité; il faut réveiller chez elles le saint amour de la justice, du devoir et de l'humanité ; il faut comprendre enfin et surtout qu'on les ramènera d'autant mieux à leur destinée spéciale qu'on leur inspirera un plus grand amour pour l'intérêt public. Pour atteindre ce but, nous considérerons, à l'exemple des peuples libres, la capacité électorale comme l'instrument indispensable de tout progrès, parce qu'elle est l'unique garantie de la justice qu'on mettrait à examiner les réclamations des femmes, et de l'équité avec laquelle on résoudrait les questions relatives aux droits et aux intérêts de leur sexe. N'entendons-nous pas en effet les satisfaits nombreux d'une injustice qui leur est profitable s'en applaudir sans honte ? Après avoir monopolisé la dotation universitaire par la spoliation des anciennes dotations des femmes, après avoir détruit au profit de leurs vices les lois universelles de l'ordre public, ils nous disent avec un imperturbable sang-froid : Résignez-vous à voir votre salaire amoindri partout; vos droits lésés dans l'enseignement primaire, annulés dans l'enseignement secondaire supérieur et professionnel, etc. ; laissez immoler la famille et conspuer la femme, puisque cela a été résolu par les députés *du suffrage universel* et fixé dans *des budgets votés par la nation.*

De tels apôtres de sophisme doivent, on le comprend, nous trouver trop ignorantes et trop corrompues pour voter et affirmer que notre condition sociale ne réclame aucune amélioration. Il est donc important d'inculquer à tous que la diminution du droit des femmes est une diminution du droit social et par conséquent de la conscience publique. Mais, reprennent d'autres satisfaits, quelle prétention étrange de regarder le suffrage féminin comme la base, ou même comme le couronnement des améliorations à apporter dans la condition sociale des femmes; n'a-t-on pas vu de nombreuses civilisations se fonder sur la justice et prospérer sans leur donner voix représentative?

Oui, répondrai-je, lorsque ces civilisations ont eu des législateurs dont le front était illuminé d'un rayon d'en haut, des esprits supérieurs qui leur ont apporté comme une révélation du ciel un code de philosophie rationnelle; mais il est facile de voir que dans une société démocratique, où les lois sont l'expression de la volonté générale, l'harmonie des droits et des devoirs nécessaires ne peut s'établir sans la participation des femmes à la vie publique. Depuis surtout qu'un suffrage universel sans contre-poids tourne toutes les pensées vers l'instruction, les places et les privilèges à donner aux électeurs plutôt qu'aux obligations sociales auxquelles il faut les soumettre, on peut regarder le suffrage des femmes comme un droit personnel, une arme défensive et un intérêt social de premier ordre, non-seulement pour le vote politique ou national, mais pour le vote régional, le vote municipal, le vote professionnel, surtout dans les industries et les associations diverses de philanthropie, d'enseignement, de sciences et d'arts[1].

C'est par là seulement que nous combattrons l'anarchie de nos principes et préparerons la régénération sociale,

---

[1] Pour la nomination des instituteurs et des institutrices, il est clair que les intéressés, tuteurs, pères et mères de famille, etc., devraient seuls prendre part au vote.

sans laquelle les efforts tentés pour élever la condition
des femmes sont frappés d'avance d'une radicale impuissance. Si nous ne renouons enfin la chaîne interrompue
des traditions libérales, si nous ne renouvelons l'œuvre
des Lakanal et des Condorcet, etc., nous ne construirons
que cette tour de confusion et de ruines qui attestera à
tous les âges notre vaniteuse folie. Cette vérité se confirme
par les lumières de la raison, par le témoignage des
siècles, par l'autorité des penseurs, à la tête desquels il
faut placer M. J. Stuart-Mill, le plus judicieux, le plus
convaincu et le plus ardent de tous : « Tous les penchants
« égoïstes, dit-il, le culte de soi-même, l'injuste préfé-
« rence de soi-même, qui dominent dans l'humanité, ont
« leur source et leur racine dans la constitution actuelle
« des rapports de l'homme et de la femme et y puisent
« leur principale force. . . . . Elle corrompt
« l'homme tout entier à la fois comme individu et comme
« membre de la société [1]. »

Réagissons donc contre cette corruption ; cherchons
enfin la voie de l'avenir dans la liberté et l'honneur que
développent la responsabilité civile et morale, la justice
distributive qui forme la solidarité humaine. Pour nous,
quand même le droit devrait subir une plus longue éclipse
en France, nous aurons conscience d'avoir accompli un
devoir en l'affirmant, en le proclamant, dans l'humble
mesure de nos forces, à la face de ses blasphémateurs.

Quoi qu'il arrive, nous ne désespérerons jamais de la raison humaine, qui poursuit sans relâche son œuvre à travers les siècles, lors même qu'un absolutisme aveugle,
semant à pleines mains les ténèbres épaisses sur l'univers,
ne lui laisse éclairer sa voie qu'à travers la lueur des bû-
chers des Arnaud de Brescia et des Savonarole.

Nous avons donc confiance que l'heure de la femme
sonnera dans une atmosphère calme et sereine ; que son
jour luira enfin sans que nos oreilles soient attristées par
le tocsin qui mêle trop souvent chez nous sa voix lugubre
à ses cris d'émancipation.

---

[1] John Stuart-Mill, *L'Assujettissement des femmes*. Paris, Guillaumin.

LE VOTE DES FEMMES EN ANGLETERRE [1].

DISCOURS DE MADEMOISELLE HARE.

Je ne me serais pas aventurée à prendre la parole dans
cette assemblée si l'on ne m'avait dit qu'il est très-dési-
rable qu'un nombre de femmes aussi grand que possible
parlent pour lever le doute de certaines personnes qui ne
savent si les femmes désirent ou non obtenir la capacité
électorale. Il y a aussi un point dont on n'a pas parlé
spécialement et sur lequel je voudrais dire quelques
mots. Certaines personnes ont pensé qu'une participation à la vie active détruirait sans doute ces sentiments
de politesse et de pureté qu'on prise naturellement d'une
manière si spéciale chez les femmes. Il me semble que
c'est prendre le sujet à rebours et que l'argument, s'il
a quelque valeur, s'applique à toute extension du suffrage.
S'il y a un si grand mal, une si grande violence morale
et physique, une corruption et une agitation si grandes
dans le fait de voter; s'il est démoralisateur pour les
femmes de leur donner une part au vote, les mêmes
effets se produisent sûrement sur les hommes, et un mal
réel doit être fait à tout homme qui acquiert le droit de
vote. Pourtant, en réalité, personne ne le pense. Chacun
sait qu'un homme est pour l'accomplissement du devoir
électoral ce qu'il est pour tout autre devoir : l'indigne et
le corrupteur votent indignement et par corruption ; l'esprit élevé et consciencieux vote d'une manière intègre
et consciencieuse. Il en sera ainsi pour les femmes. Au
lieu de détruire leurs qualités naturelles, l'affranchissement les portera seulement dans le vote, avec cette
grande différence qu'après quelque temps les conscien-
cieuses parmi elles se feront un devoir de considérer les

[1] Rapport d'un meeting tenu à Londres par la Société nationale pour le
suffrage des femmes.

questions politiques de manière à se rendre capables de voter avec discernement et équité. Priver les femmes de leur juste part dans les franchises c'est seulement ajouter une autre tache au système actuel de représentation ; on doit trouver le remède réel en mettant à la fois les hommes et les femmes à même de partager les avantages d'un système plus juste et plus parfait, qui doit élever la capacité électorale à son véritable rang moral et intellectuel parmi les devoirs de la vie.

DISCOURS DE M. LE PROFESSEUR HUNTER.

Madame la Présidente, Mesdames et Messieurs,

On a fait très-justement observer que la question du suffrage des femmes peut être discutée indépendamment des demandes plus étendues et plus importantes que nous venons d'entendre formuler. Bien des personnes peuvent en conséquence accepter cette innovation moins importante des droits des femmes sans s'engager à rien de plus. Un argument qui effraye certaines personnes, c'est que si les femmes votent, elles ne seront pas satisfaites avant d'entrer au parlement. L'expérience que fournit l'Église d'Écosse ne confirme pas cette opinion. Dans les églises dissidentes, les femmes votent pour l'élection des ministres et de leurs auxiliaires. Ce privilége ne les a jamais fait aspirer à l'emploi. Elles se sont contentées d'élire des représentants au parlement ecclésiastique sans demander autre chose que d'y assister en auditrices. Jamais elles n'ont songé à monter dans la chaire, quoique je voie peu de fonctions dont elles puissent mieux s'acquitter, les plus mordants satiriques des femmes ne leur ayant jamais contesté le don de l'éloquence. Jamais leur vote n'a au moindre degré porté atteinte à la vie de fa-

mille, ni troublé en rien les relations ordinaires de la
société. Quant à ses bienfaits, je ne puis m'empêcher de
croire qu'il a créé un immense intérêt pour la prospérité
de l'Église et un grand accroissement du zèle des femmes
à recueillir des fonds pour ses besoins.

On a fait de cette inclination le motif d'une objection
contre leurs franchises ; c'est ce qui a été traité d'une
manière à laquelle je ne puis atteindre par le grand
maître de science philosophique et politique, qui m'a
précédé. Je demanderai seulement quel est l'enseignement de l'histoire à ce sujet. Les hommes ont-ils toujours été exempts des mêmes reproches ? Il n'y a pas
longtemps que les intérêts des hommes étaient absorbés
par deux sujets : la religion et la guerre ; un temps où
toute intelligence se retirait dans le cloître et toute énergie sur le champ de bataille, où le devoir unique de
l'homme pouvait se résumer dans le devoir de sauver son
âme et de tuer son semblable. Qui a produit un changement ? Le développement des entreprises industrielles a
limité l'étendue de la guerre et dompté l'esprit belli-
queux ; le progrès de la science a tempéré l'animosité des
luttes religieuses. Portez sur les femmes cette influence
qui a été nécessaire pour perfectionner les hommes,
et alors nous verrons une répartition salutaire de leur
puissance dans toute l'étendue des connaissances hu-
maines.

Par une coïncidence frappante, les arguments employés
contre la capacité électorale des femmes sont précisément ceux dont on use dans l'Inde pour les empêcher
d'apprendre à lire et à écrire. On dit dans l'Inde au parti
libéral qu'il est monstrueux de proposer de leur enseigner la lecture et l'écriture ; que c'est contre nature et
contraire à l'économie sociale ; que cela troublerait toutes les relations domestiques et porterait un coup mortel
à cette supériorité masculine qui est la seule garantie de
la paix du foyer ; que cela bouleverserait l'esprit des
femmes, les bouffirait de connaissances vaines, leur
ferait mépriser les occupations qui leur conviennent, et
enfin que les femmes ne désirent pas l'éducation. Ce der-

nier argument ne devrait jamais effrayer un seul ami du
suffrage des femmes. Avant l'acte de réforme, on nous
disait de tous côtés que les classes ouvrières ne récla-
maient pas leurs franchises.

Mais quand le jour de l'agitation vint, quand les grilles
de Hyde Park furent enlevées, on renonça à cet argument
et l'on accorda le suffrage aux classes ouvrières. C'est
parce qu'à présent les femmes ne revendiquent pas le
suffrage que cette société existe; son but serait bien
exprimé si l'on disait qu'il est un effort pour enseigner
aux femmes à réclamer le suffrage et aux hommes à
avoir la justice de le leur accorder.

M. Wilfrid Lawson Baronnet, membre du parlement,
après quelques mots de sympathie à l'assemblée, termine
en demandant pour la présidente des remerciements votés
par acclamation. On remarquait la présence de M. Louis
Blanc parmi les nombreuses notabilités qui se pressaient
à cette séance.

————

Les personnes qui s'intéressent à la question des femmes pourront en suivre les progrès à la Société d'*Emanci-
pation progressive de la femme*, rue de la Pompe, n° 5,
Paris-Passy, et dans le journal *l'Avenir des femmes*, rue
des Deux-Gares, 4, Paris.

FIN.

www.ingramcontent.com/pod-product-compliance
Lightning Source LLC
Chambersburg PA
CBHW070757290326
41931CB00011BA/2047